AF380850

Henning Bertram

Werkphasen 1979–2022
Work Phases

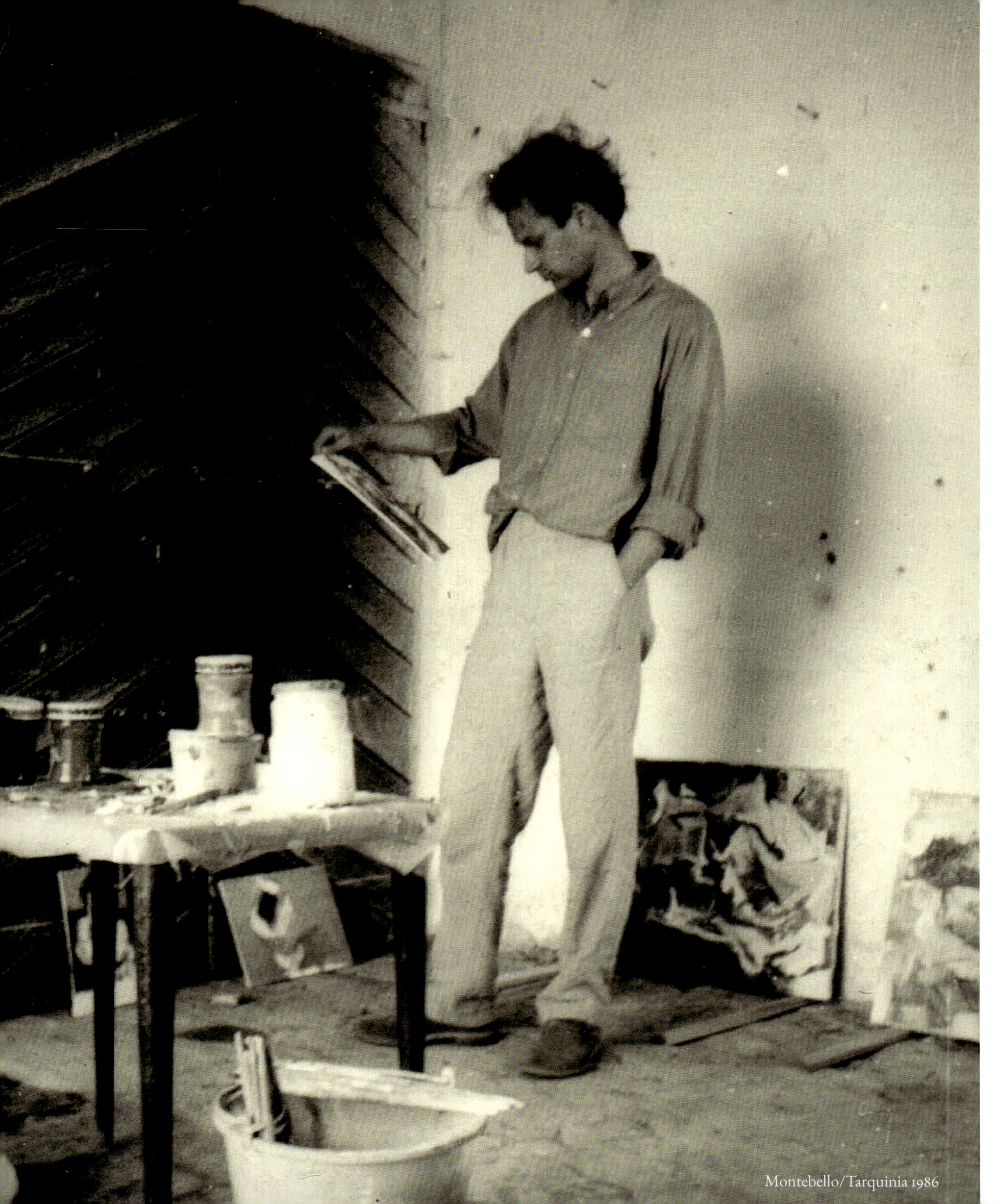

Montebello/Tarquinia 1986

KERBER ART

Henning Bertram

Werkphasen 1979–2022
Work Phases

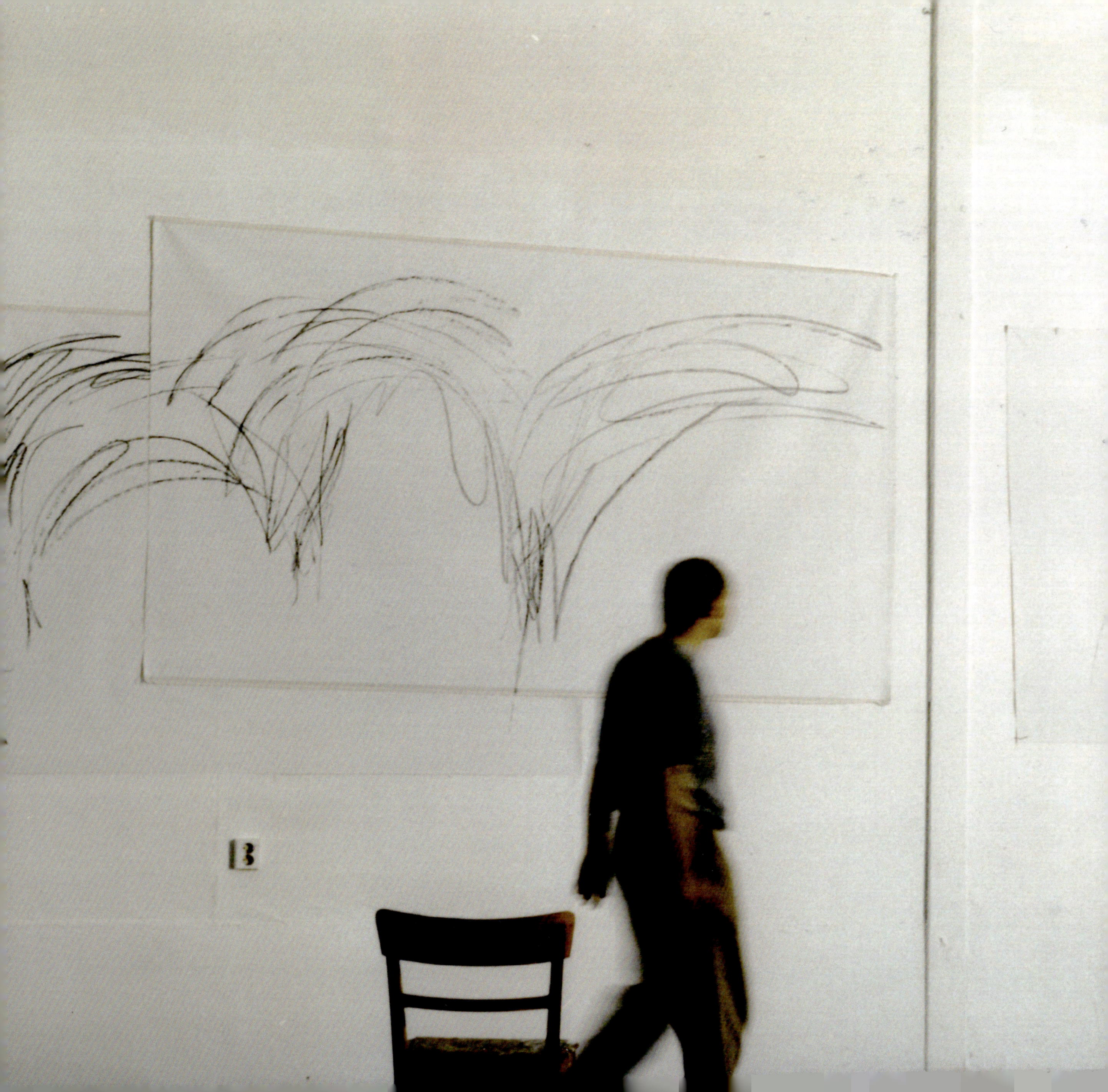

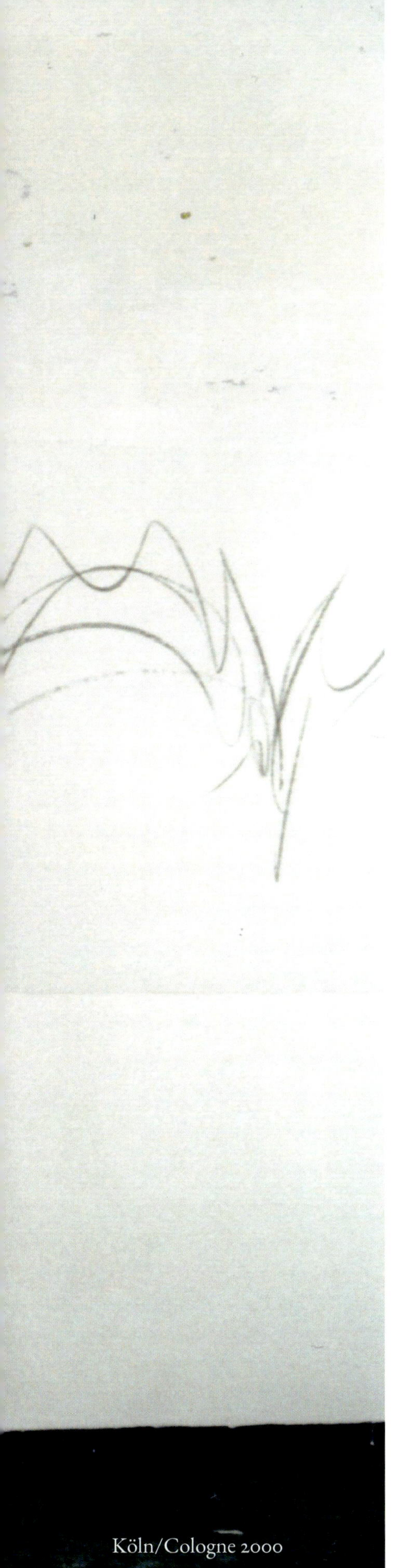

ABSTRAKTION UND ABBILD: Zwischen diesen Polen bewegt sich der künstlerische Ausdruck seit dem Beginn des 20. Jahrhunderts. So zeigt sich Abstraktion noch in ihrer extremen Ausformung als immaterielle Konzept-Art. Dagegen manifestiert sich der Drang in Richtung Abbild bis zum Identischen mit der Wirklichkeit im Falle des Readymades oder der performativen und partizipativen Kunstformen.

Vielleicht ein letztes Mal zeigte sich eine glückliche Kongruenz von Abstraktion und Abbild im Werk von Cézanne, ein Zusammengehen von der Eigengesetzlichkeit der bildnerischen Mittel und den Forderungen des Sujets; im Ergebnis eine verdichtete Autonomie des Bildes, gleichermaßen jenseits der Sphären des bloß Abbildhaften und des willkürlichen Formenspiels.

ABSTRACTION AND REPRESENTATION: artistic expression has moved between these poles since the beginning of the 20th century. Abstraction still appears in its extreme form as immaterial conceptual art. On the other hand, the urge towards the likeness to the point of being identical with reality manifests itself in the case of Readymade or performative and participatory art forms.

Perhaps for the last time, a happy congruence of abstraction and image was evident in Cézanne's work, a convergence of the autonomy of the visual means and the demands of the subject; the result was a condensed autonomy of the image, equally beyond the spheres of the merely visual and the random play of forms.

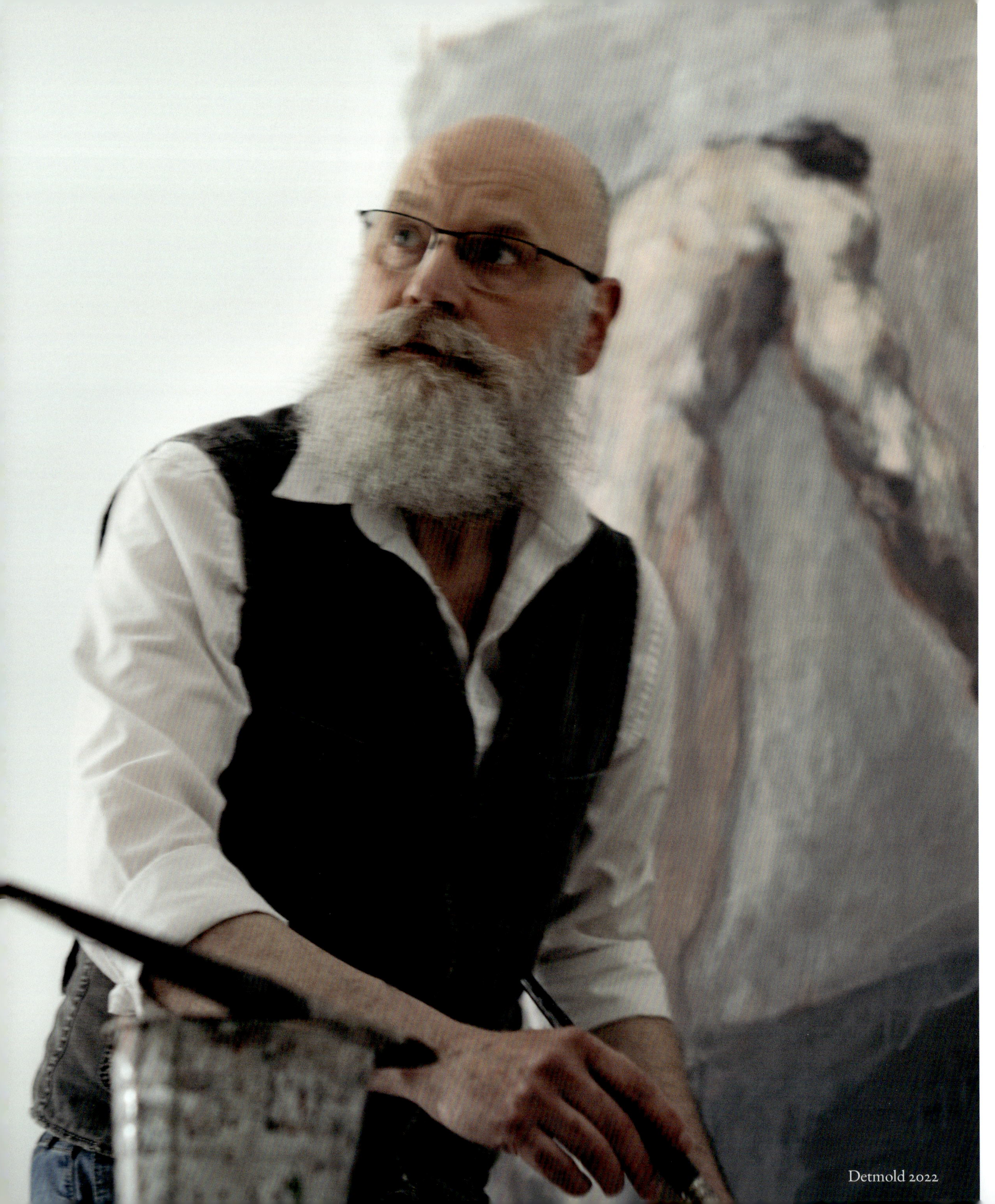

Detmold 2022

Auch im malerischen und grafischen Werk von Henning Bertram ist diese Frage nach der Autonomie des Bildes, dieses immerwährende Ringen zwischen dem Eigenleben der bildnerischen Mittel und dessen Indienststellen in die Abbildfunktion spürbar.

Schon in den ersten Anfängen zeigt sich bei ihm sowohl eine aus der unmittelbaren Anschauung entwickelte Sensibilität für Farbnuancen als auch der Wille zur Konstruktion, zu der Verspannung des Gesehenen in das Bildgeviert. Dieses Bauen des Bildes aus der Farbe heraus gewinnt Bertram dann in seinem Frühwerk aus der Rezeption von Cézanne, und er führt es mit einem vehementen malerischen Gestus in flächige expressive Farbrhythmen. Die Pinselstriche scheinen von außerhalb des Bildes in dieses einzutreten und sich zur Repräsentation eines Gesehenen, einer visuellen Erfahrung zu verdichten, die sich schon bald vom Gegenstand löst und in der Abstraktion die Bildfindung an sich verkörpert. Bertram scheint die der bildnerischen Sprache zugrunde liegende Grammatik aufdecken zu wollen, den Nullpunkt, an dem die bloße Ausdehnung der Fläche zum Bild wird. Das Einzelbild löst sich auf, die Wandfläche, der Raum fädelt sich wie in einem Gewebe in die zum einfachen Strichgestus reduzierte Malerei ein, es entstehen gleichsam geschriebene Bildzeilen.

Diese Engführung und künstlerische Grundlagenforschung war für Bertram vielleicht Voraussetzung dafür, wieder inhaltlich Gestalthaftes in die malerische Textur einfließen zu lassen. Wie immer, wenn es um Klärung der Form geht, wie z. B. im analytischen

This question of the autonomy of the image, this perpetual struggle between the autonomy of the visual means and their placement in the function of the image, is also perceptible in the paintings and graphic works of Henning Bertram.

Even in his earliest beginnings, he showed a sensitivity for colour nuances developed from direct observation as well as the will to construct, to incorporate what he saw into the picture. In his early work, Bertram drew on his experience with the works of Cézanne to construct the picture out of colour and, with a vehement gesture, introduced two-dimensional, expressive colour rhythms. The brushstrokes seem to enter the painting from outside and condense into a representation of something seen, a visual experience, which soon detaches itself from the object and, in abstraction, embodies pictorial invention itself. Bertram seems to want to uncover the underlying grammar of the pictorial language, the zero point at which the mere extension of the surface becomes the image. The individual image dissolves, the wall surface, the space threads itself into the painting, reduced to a simple stroke, as if in a fabric, written lines of images emerge.

This narrowing and artistic basic research was perhaps a prerequisite for Bertram to allow the content of form to flow back into the painterly texture. As always, when it comes to clarifying form, as in analytical Cubism for example, colour takes a back seat. This was also the case with Bertram, and in the late 1980s he painted the series of what he calls 'Body Fragments'

Kubismus, tritt die Farbe zurück. So auch bei Bertram, und er malt in den späten 1980ern die Serie der, wie er sie nennt, *Körperfragmente* mit einer reduzierten archaischen Farbpalette: Ocker, Rotbraun, Schwarz und Weiß. Durchaus in der Tradition des Non-finito zeigen diese Werke großformatig und mit heftigem pastosen malerischen Gestus Armfragmente, Torsi des männlichen Körpers. *Mann, schreitend* (Abb. S. 49) erinnert an Rodin. Ja, teilweise wie ein Bildhauer modelliert er die materielle grob-pastose zähe Farbmasse zu verdichteter Gestalt (Abb. S. 47). Und auch hier zeigt sich das bewusst Fragmentarische, das Unvollendete; der Betrachter wird zum Zeuge eines gewissermaßen eingefrorenen Malprozesses: Wir sehen, wie sich aus der unbearbeiteten, unberührten Leinwand allmählich die Farbmasse schlängelt und Gegenständliches sichtbar werden lässt.

Auch in den Architekturfragmenten ab den 2000er-Jahren zeigt sich dieser Fokus auf den Prozess. Oft in Großformaten, Leinwänden, die nur auf der Wand abgerollt wurden, reduziert Bertram sich konsequent auf die Herausarbeitung der Form. Lediglich wechselnd zwischen Zeichenkohle, Radiergummi und Wasser arbeitet er durch Tun/Nicht-Tun, Auftragen und Entfernen die blockhaften Formationen heraus. Zwar ist es vom Medium her Zeichnung, doch geht er mit der Zeichenkohle tonwertig malerisch um und verwandelt sie in eine vibrierende expressive Grisaille-Malerei. Es entstehen monolithische, sich dem Betrachter in die Quere stellende Mauermassen,

with a reduced archaic colour palette: ochre, reddish brown, black and white. In the tradition of the Non finito, these works show large-format arm fragments, torsos of the male body, with a fierce impasto painterly gesture. *Man, striding* (fig. p. 49) is reminiscent of Rodin. Yes, partly like a sculptor he molds the coarse, paste-like material, this tough impasto mass of paint into a condensed form (fig. p. 47). And here too, deliberately fragmentary, the unfinished is revealed; the viewer becomes a witness to a painting process that is, as it were, frozen: we see how the mass of paint gradually wriggles out of the unworked, untouched canvas and allows the representational to become visible.

This focus on process is also evident in the architectural fragments from the 2000s onwards. Often in large formats, canvases only unrolled on the wall, Bertram limits himself strictly to the elaboration of the form. By alternating between charcoal, eraser and water, he builds the block-like formations by doing and un-doing, applying and removing. Although due to the medium it is considered drawing, he handles the charcoal in a tonal painter-like way and transforms it into a vibrating, expressive grisaille. The result is monolithic masses of walls, vaults and arenas that stand in the way of the viewer – void of people, enraptured; also archaic, enveloping dwellings, reduced to the existential, simply offering protection – just like Bertram's use of charcoal and hatching, which is far more like scraping and scratching.

In the following series of barges, too, the human being is both absent and present at the same time,

Gewölbe, Arenen: menschenleer, entrückt. Aber auch Behausungen, archaisch, umhüllend, gerade eben Schutz bietend, auf das Existenzielle reduziert, genau wie Bertrams Einsatz der Kohle und der Schraffuren, die weit mehr einem Schaben und Kratzen gleichen.

Auch in der nachfolgenden Serie der *Nachen* ist der Mensch abwesend und anwesend zugleich, suggeriert doch die lang gestreckte Bootsform die kokonartig umhüllte liegende menschliche Gestalt. Der Blick auf die Schuten und Kähne des Rheins bei Köln, wo Bertram lange Zeit lebte, oder Kindheitserinnerungen an Fischerboote der Ostsee mögen hier Auslöser gewesen sein. Doch verweisen sie auf der Symbolebene auf Vorstellungen des Übergangs, wie wir sie beispielsweise in der mythologischen Vorstellung der Überfahrt

über den Styx ins Reich der Toten vorfinden. So schürfen diese Kähne und Nachen Bertrams nicht nur archetypische Bilder aus der Versunkenheit, sondern sie tauchen bildlich durch den mit Lasuren Schicht für Schicht sich aufbauenden Malprozess aus dem Grund, dem Malgrund hervor. Sie scheinen gerade eben in die Sichtbarkeit einzutreten, um sich gleich wieder in der grautonigen Maltextur des Bildes zu verlieren.

Haben alle diese Werke, angefangen bei den Objekten der ersten Stillleben, den Torsi und Architekturfragmenten, etwas Körperhaftes, das als das jeweils *Andere* dem Betrachter als Bild entgegentritt, so ist es nicht verwunderlich, dass sich Bertram in seiner aktuellen Werkphase dem Körper, explizit dem männlichen Körper zuwendet.

the elongated shape of the boat suggesting the reclining human figure enveloped like a cocoon. The view of the boats and barges of the Rhine near Cologne, where Bertram lived for a long time, or childhood memories of fishing boats of the Baltic Sea may have been the trigger here. But on the symbolic level they refer to ideas of transition as we find them, for example, in the mythological idea of the crossing over the Styx into the realm of the dead. Bertram's boats and barges not only dig archetypal images out of the deep, they also emerge visibly out of the ground, the painting ground, through the painting process that builds up transparently layer by layer. They seem to enter visibility, only to lose themselves again in the grey-toned painting texture of the picture.

If all these works, starting with the objects of the first still life paintings, the torsos and architectural fragments, have something corporeal that confronts the viewer as the image of the 'other', it is not surprising that in his current work phase Bertram turns to the body, specifically to the male body.

Like the system of scales in music, the human body has always been the constituting structure on which the dimensions of colour, space and expression are negotiated in the picture by means of the incarnate, the proportion and the moments of movement.

Sometimes swaying, sometimes turning away, sometimes in exaggerated contortions, sometimes appearing startled, sometimes sensually in ecstasy, these bodies show themselves in Bertram's painting. Often

Wie das System der Tonleitern in der Musik, so ist der menschliche Körper seit je die konstituierende Struktur, an der mittels des Inkarnats, der Proportion und der Bewegungsmomente die Dimensionen Farbe, Raum und Ausdruck im Bild verhandelt werden.

Mal schwankend, mal sich abwendend, mal in überspannten Verdrehungen, mal aufgeschreckt erscheinend, mal sinnlich in Ekstase zeigen sich diese Körper in Bertrams Malerei. Oft wirken sie in sich gekehrt, hineingeworfen in einen nur wenig definierten Raum; oft auch reagierend oder einem dem Betrachter vorenthaltenen Ereignis außerhalb des Bildes ausgesetzt. Valeurbasierte Farbigkeit von Ocker über Rotbraun bis hin zu Zinnober, durchzogen mit verästelten, abgedunkelten, den Malgrund erahnen lassenden

they appear introverted, thrown into a poorly defined space – often also reacting or exposed to an event outside the picture that is withheld from the viewer. Tonality-based colours ranging from ochre to reddish brown to vermilion, interspersed with branching and darkened, deepened furrows that hint at the painting ground, are arranged to form a surface anatomy that spans the body. The colour palette is repeatedly broken up with glazing. Does this treatment of the colour palette merely imitate skin, or does it actually reveal abrasions and the vulnerability of the naked body?

In the twisting of these bodies, their torsion around the body axis and also the chiaroscuro, the Italian sfumato, they are reminiscent of Baroque pictorial language. Perhaps in Bertram's case this can be explained

vertieften Furchen, geriert zu einer den Körper überspannenden Oberflächenanatomie. Farbigkeit immer wieder mit Lasuren gebrochen: Zeigt sie Haut oder Abschürfungen, das Ausgesetztsein des nackten Leibes?

In der Verdrehung dieser Körper, ihrer Torsion um die Körperachse und auch in dem Helldunkel, dem italienischen Sfumato, erinnern sie an barocke Bildsprache. Vielleicht ist dies bei Bertram durch seinen Italienaufenthalt 1989–1990 zu erklären, doch zeigt sich dieses

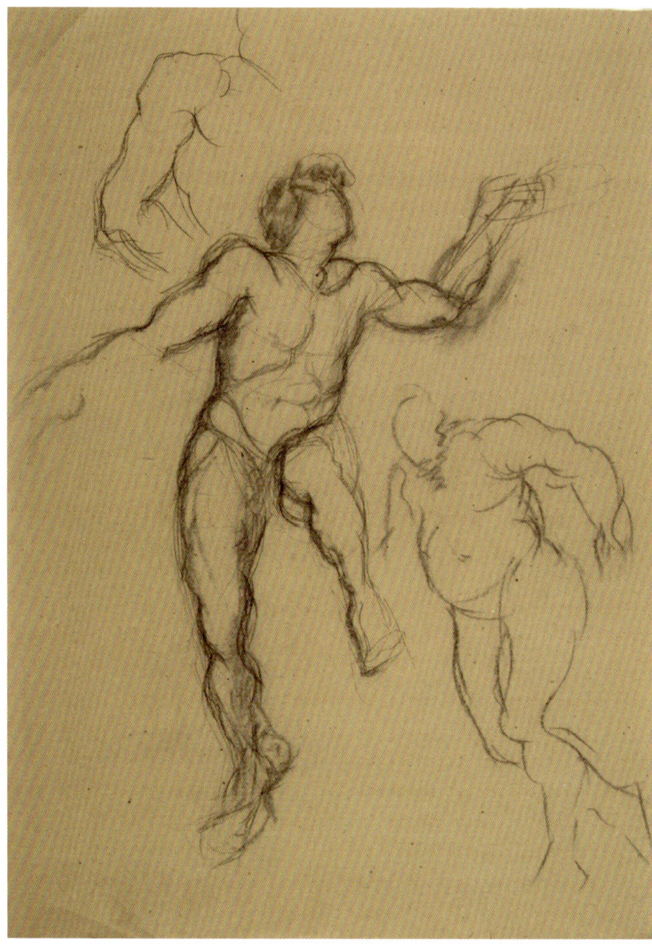

Kopie nach Rubens, 1980, Zeichenkohle/Papier, 77 cm × 54 cm
Copy after Rubens, 1980, charcoal/paper

Interesse an in den Körper eingeschriebenen gesteigertem Ausdruck und barocker Entfaltung schon sehr früh, wie eine Kopie nach Rubens, eine Kohleskizze von Ganymed, des jungen Bertrams von 1980 belegt. Doch fehlt Bertrams Darstellung männlicher Leiber die barocke Entgrenzung ins Transzendente. Stattdessen verweisen ihre Bewegungen wieder auf sich selbst und werden zu Metaphern des modernen Ichs und seiner, wie Heidegger es formulierte, Geworfenheit in das Dasein.

Auffällig ist, dass Bertram trotz zeitweiliger Beschäftigung mit der Architektur und auch installativen Ansätzen, wie z. B. beim Ausstellungsprojekt *Ädicula* im Kölner Südbahnhof 2012 (Abb. S. 105) oder der Performance im Essener Grillo-Theater 2011, immer wieder zur Malerei, zum Tafelbild zurückkehrt. Ist jedoch schon seit der Fotografie und ganz besonders angesichts zeitgenössischer technischer Bildgebungsverfahren und multimedialer, installativer und performativer künstlerischer Ausdrucksformen die Malerei nicht eigentlich obsolet? Bertram scheint diese Frage zu verneinen und zeigt sich über die Spanne der Jahrzehnte als ein Suchender, der für sich die Malerei immer wieder neu findet, sie immer wieder neu befragt. Besonders deutlich wird diese Haltung z. B. in der Serie der *Testbilder* von 1987 (Abb. S. 37). Er sucht jedoch nicht das modisch Neue, sondern eher den kontinuierlichen, aber verborgenen Wahrheitskern einer jahrtausendealten zutiefst menschlichen Tätigkeit, die sich in Bertrams Malerei in eine glückliche Verbindung von bildnerischer Intelligenz und Sinnlichkeit fügt.

by his life in Italy from 1989–1990. But this interest in heightened expression and Baroque development inscribed in the body is evident from very early on, as a copy after Rubens, a charcoal sketch of Ganymede, as the young Bertram from 1980 proves. Yet Bertram's depiction of male bodies lacks the Baroque dissolution of boundaries into the transcendent. Instead, their movements refer back to themselves and become metaphors of the modern ego and its, as Heidegger puts it, 'Thrownness into Dasein'.

It is striking that Bertram always returns to painting, to the panel painting, despite intermittent preoccupations with architecture and also installation approaches, such as the exhibition project *Ädicula* in Cologne's Südbahnhof in 2012 (fig. p. 105) or the performance in Essen's Grillo Theatre in 2011. But hasn't painting actually become obsolete since photography, especially in view of contemporary technical imaging processes and multimedia, installative and performative forms of artistic expression? Bertram seems to answer this question in the negative and over the span of decades has shown himself to be a seeker who is always discovering painting anew for himself, always questioning it anew. This attitude becomes particularly clear, for example, in the series of 'test images' from 1987 (fig. p. 37). However, he is not looking for the fashionably new, but rather for the continuous but hidden kernel of truth of a profoundly human activity that has existed for thousands of years, which in Bertram's painting fits into a happy combination of visual intelligence and sensuality.

Celestina Maviale

Birke
ca. 1979
Öl auf Hartfaserplatte
55 cm × 78 cm
Werkverzeichnis Nr. 2

Birch
ca. 1979
Oil on hardboard
21.7 × 30.7 in.
Catalogue raisonné no. 2

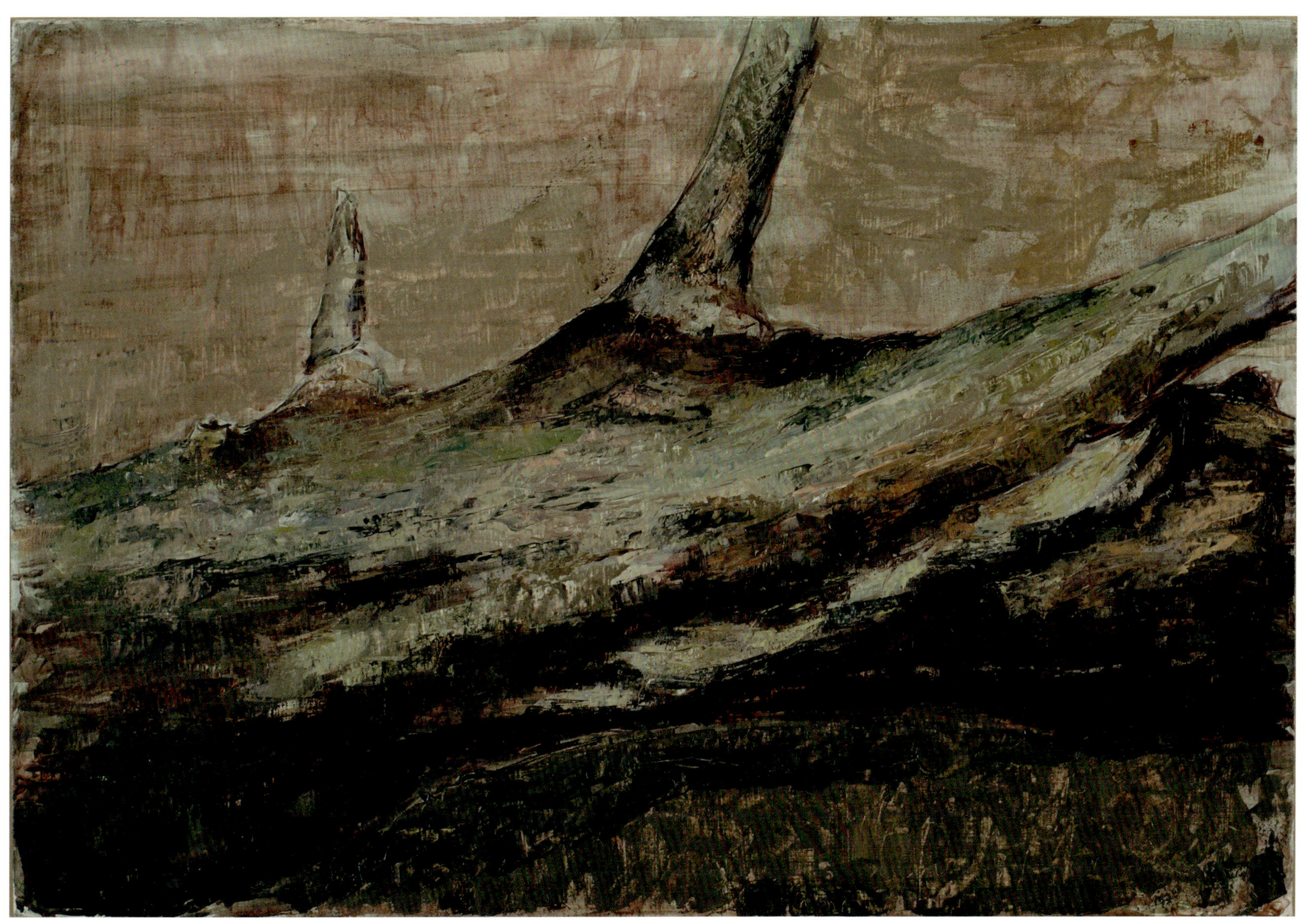

Kellerregal
1982
Gouache auf Papier
50 cm × 70 cm
Werkverzeichnis Nr. 1357

Basement Shelf
1982
Gouache on paper
19.7 × 27.6 in.
Catalogue raisonné no. 1357

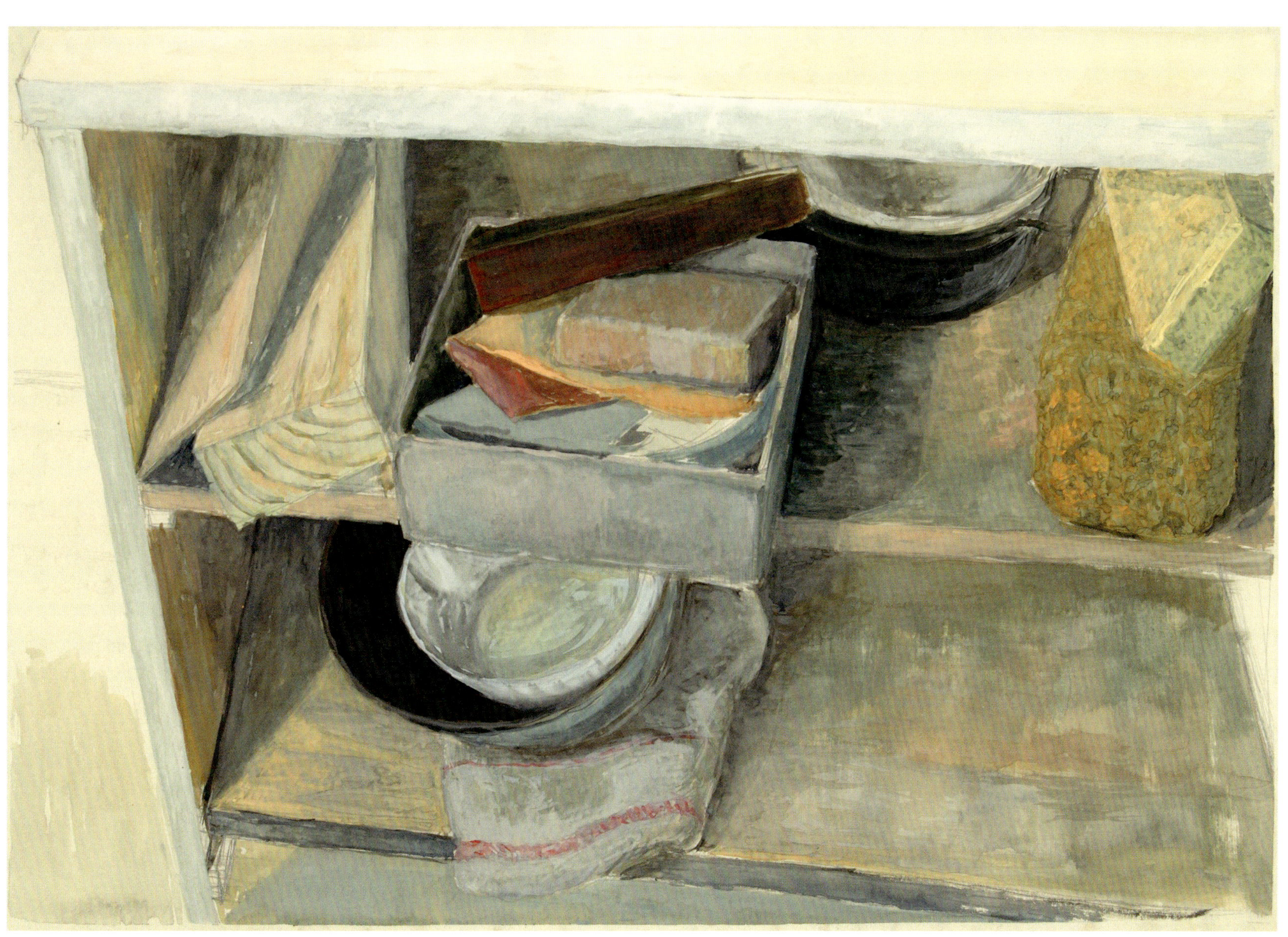

Banane
1983
Öl auf Hartfaserplatte
37 cm × 47 cm
Werkverzeichnis Nr. 77

Banana
1983
Oil on hardboard
14.6 × 18.5 in.
Catalogue raisonné no. 77

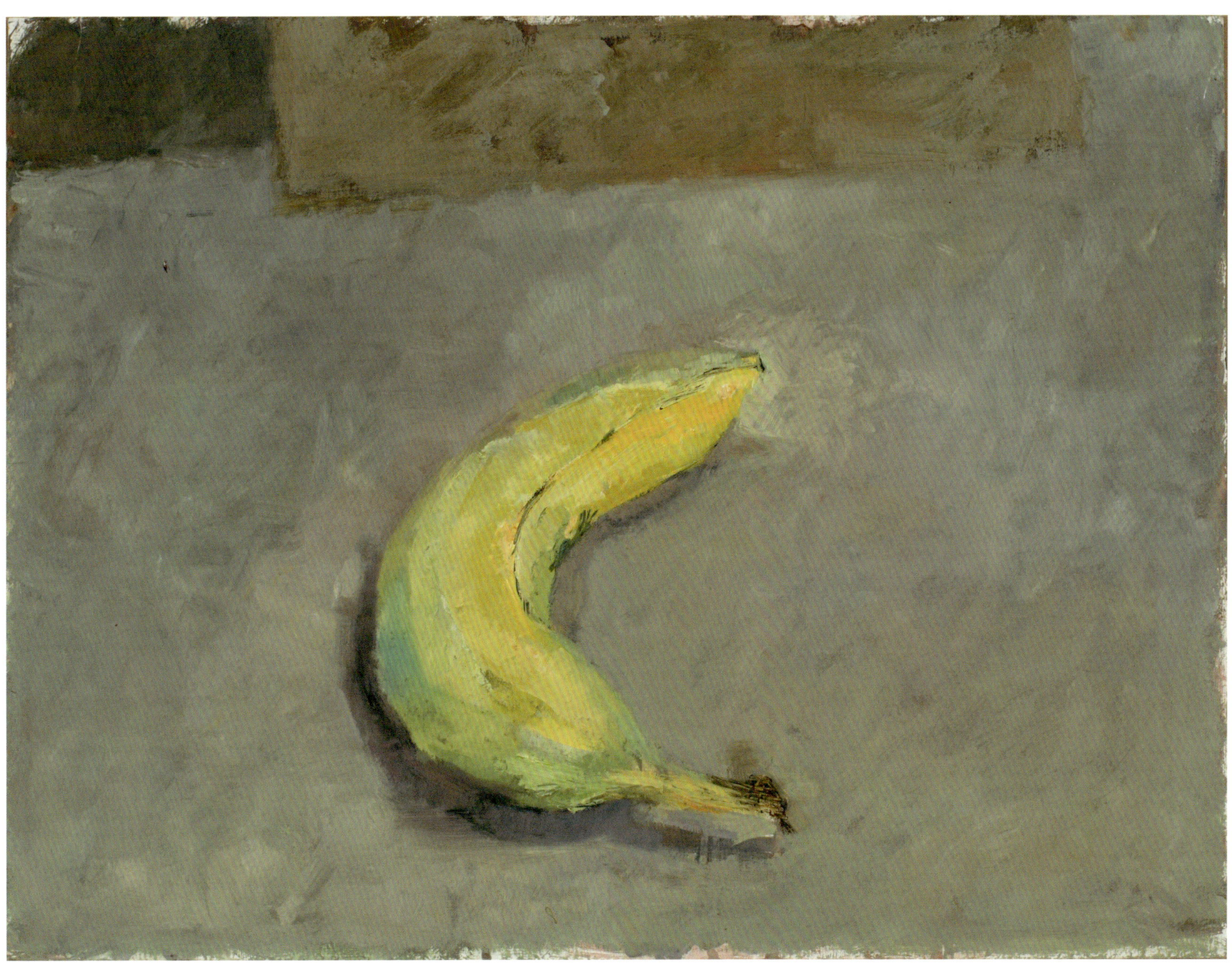

Stillleben
ca. 1986
Öl auf Leinwand
50 cm × 65 cm
Werkverzeichnis Nr. 40

Still Life
1986
Oil on canvas
19.7 × 25.6 in.
Catalogue raisonné no. 40

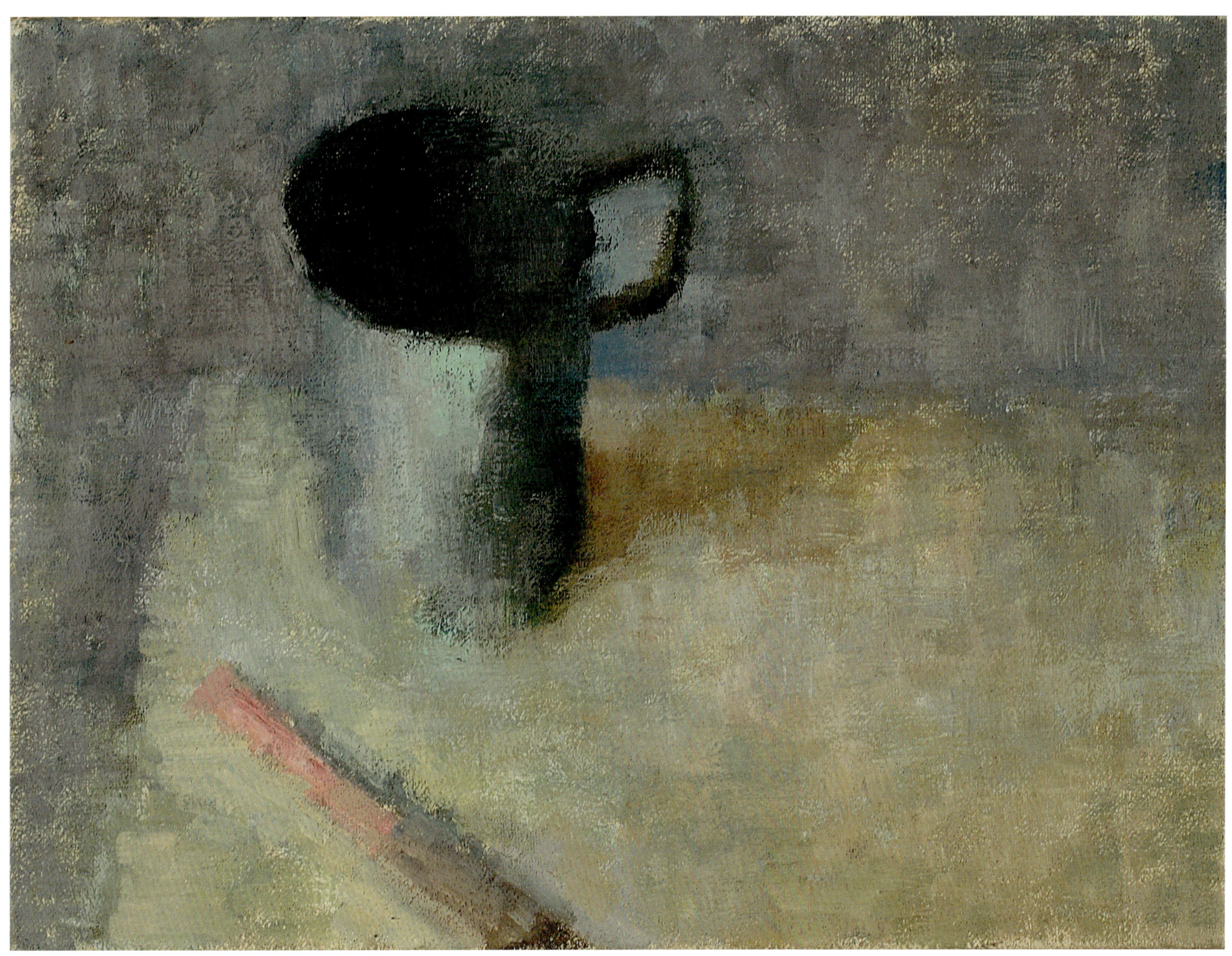

Stillleben
1985
Öl auf Leinwand
50 cm × 65 cm
Werkverzeichnis Nr. 47

Still life
1985
Oil on canvas
19.7 × 25.6 in.
Catalogue raisonné no. 47

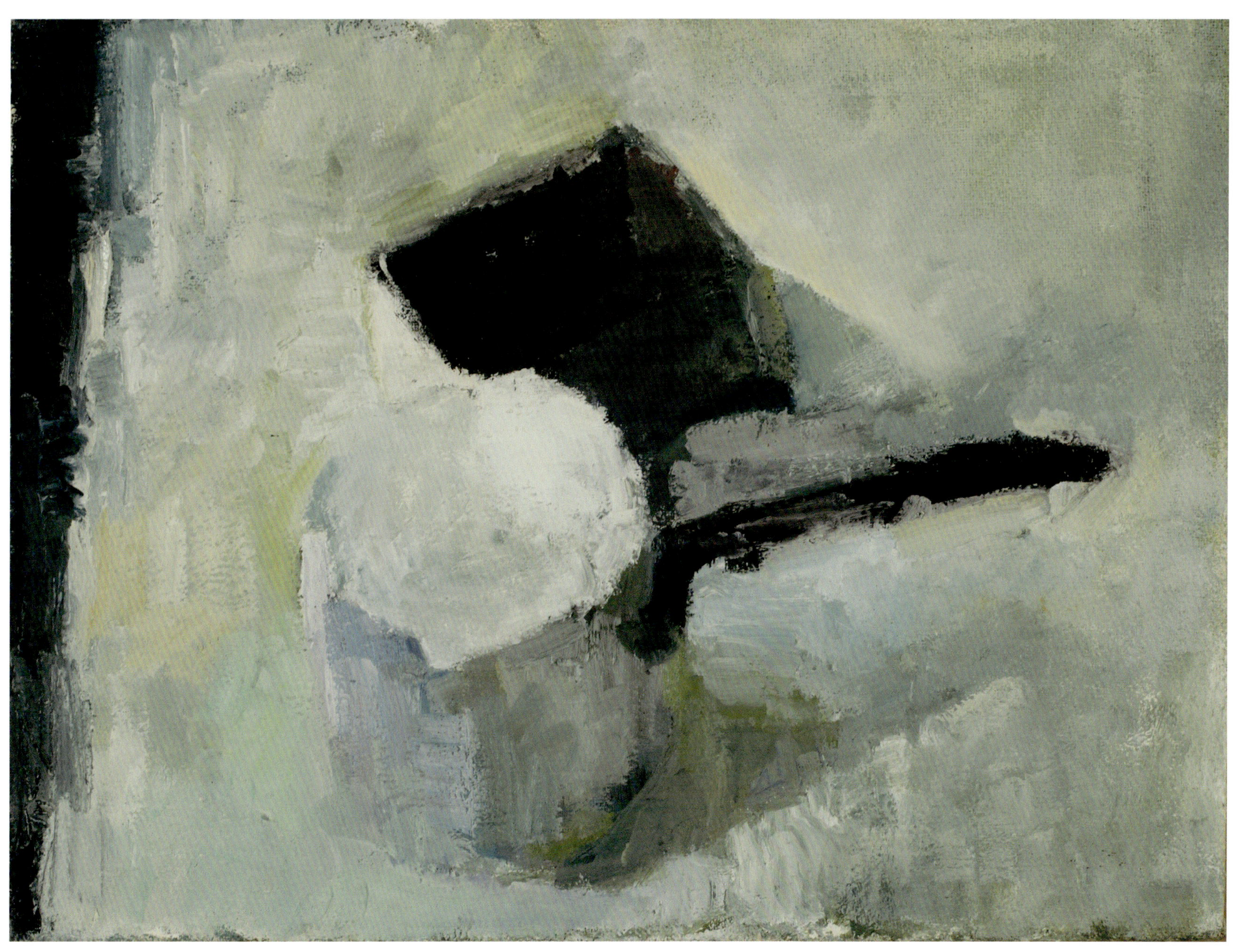

Fensterausblick
1984
Öl auf Hartfaserplatte
89 cm × 100 cm
Werkverzeichnis Nr. 92

Window View
1984
Oil on hardboard
35.0 × 39.4 in.
Catalogue raisonné no. 92

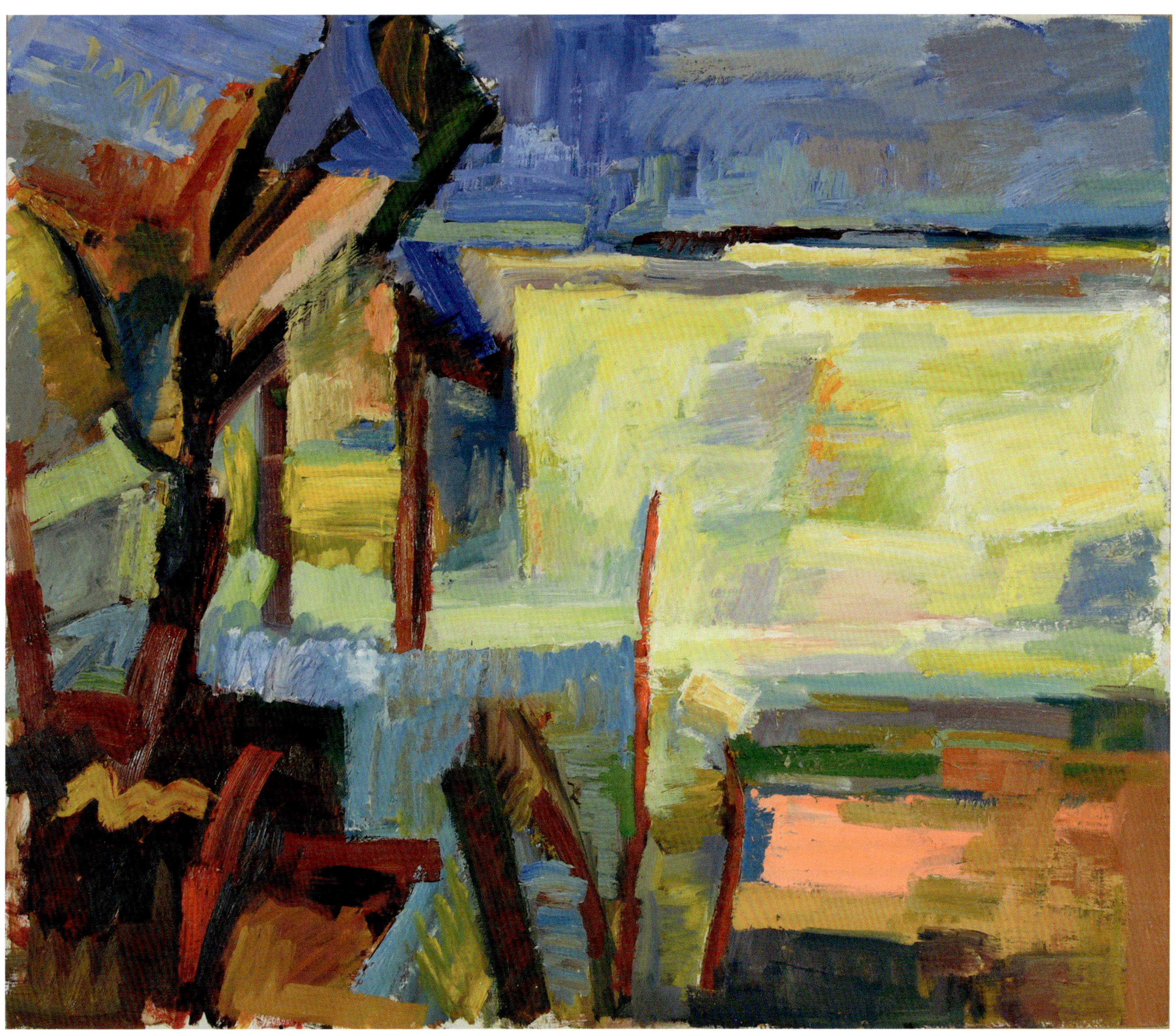

Atelierecke
1984
Öl auf Hartfaserplatte
85 cm × 100 cm
Werkverzeichnis Nr. 90

Studio Corner
1984
Oil on hardboard
33.5 × 39.4 in.
Catalogue raisonné no. 90

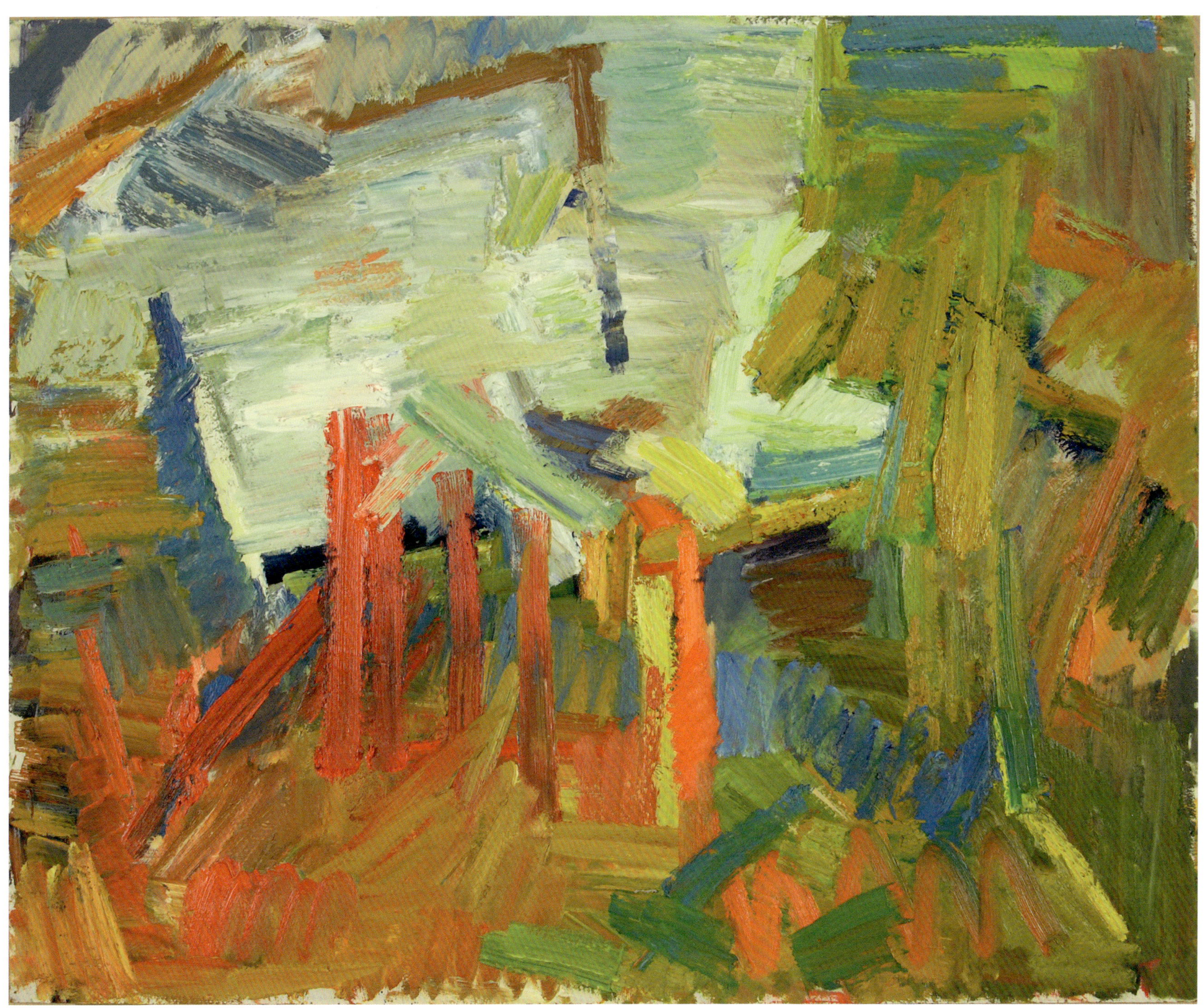

Akt
1984
Öl auf Leinwand
180 cm × 114 cm
Werkverzeichnis Nr. 142

Nude
1984
Oil on canvas
70.9 × 44.9 in.
Catalogue raisonné no. 142

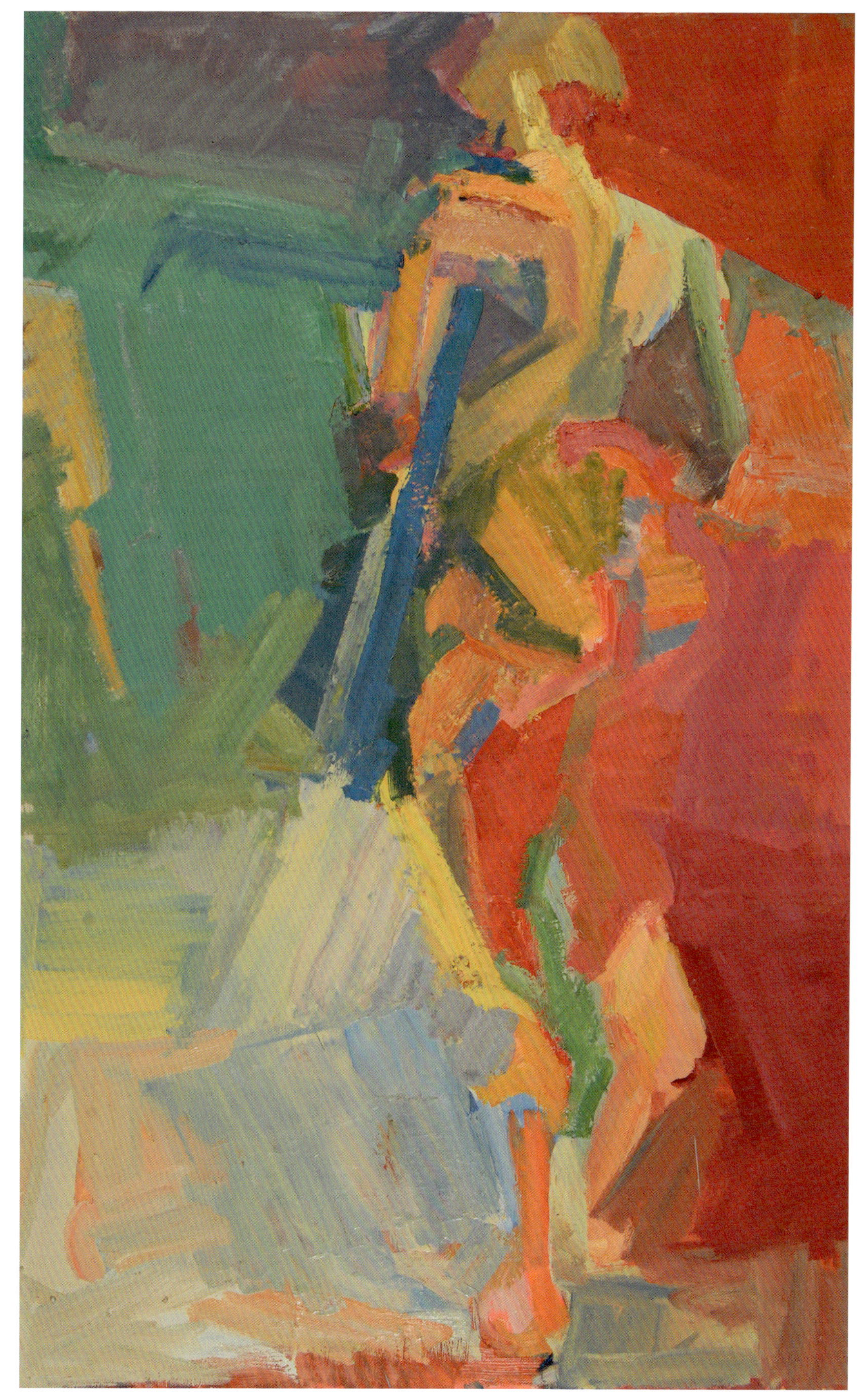

o.T.
1986
Öl auf Leinwand
50 cm × 65 cm
Werkverzeichnis Nr. 33

Untitled
1986
Oil on canvas
19.7 × 25.6 in.
Catalogue raisonné no. 33

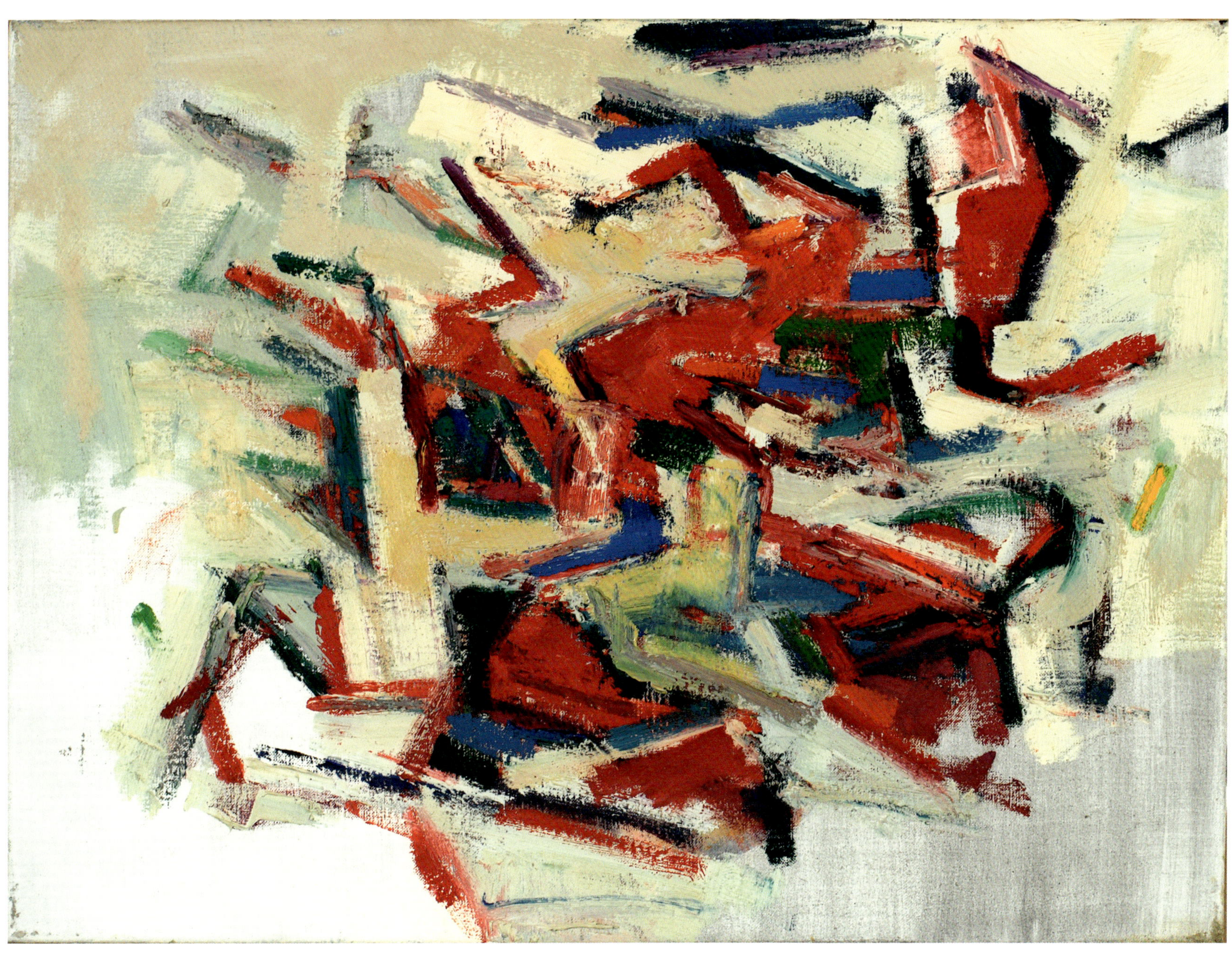

Figur
1986
Acryl und Collage auf Leinwand
190 cm × 138 cm
Werkverzeichnis Nr. 392

Figure
1986
Acrylic and collage on canvas
74.8 × 54.3 in.
Catalogue raisonné no. 392

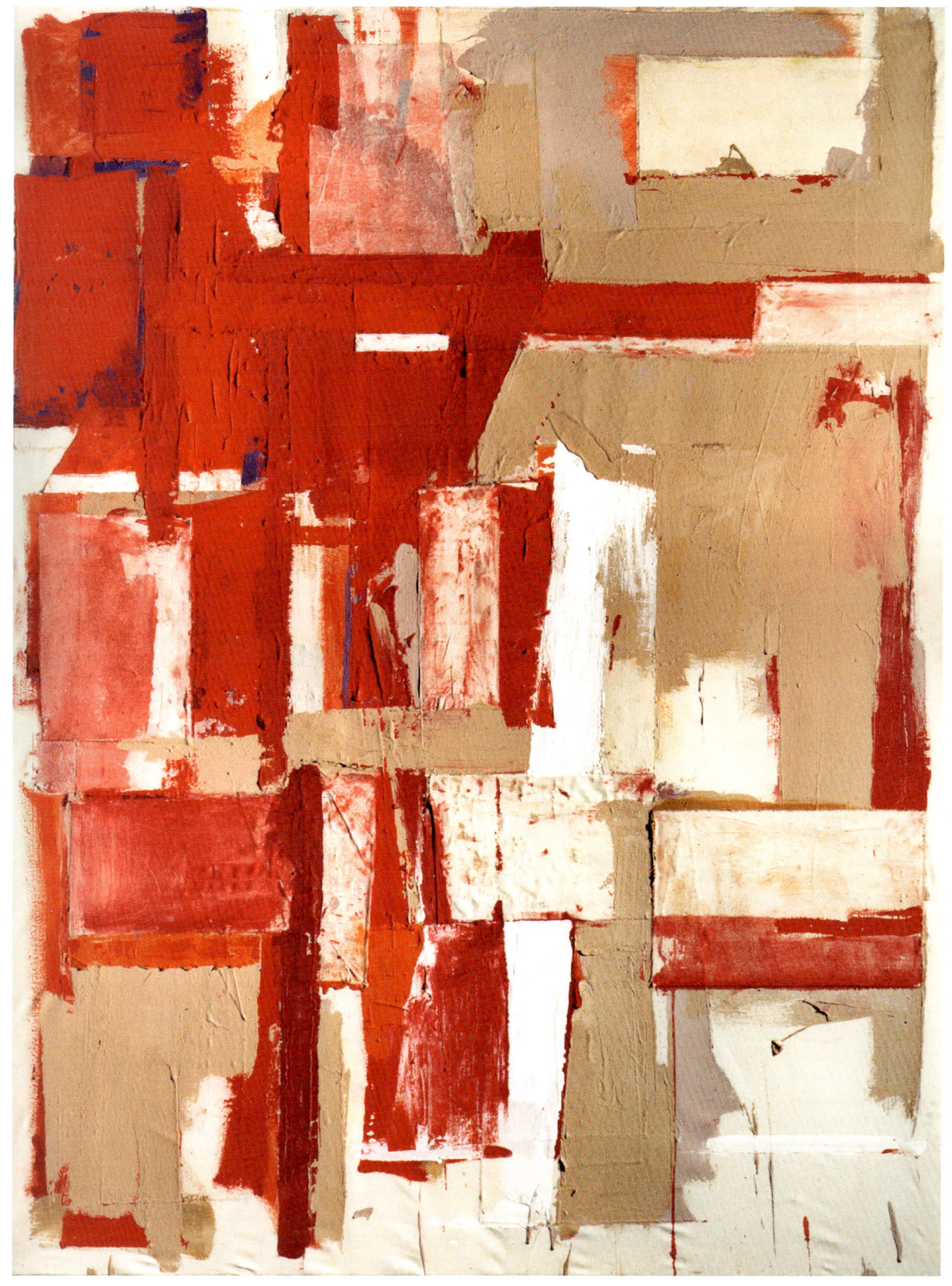

o.T.

1987
Enkaustik, Papier auf Sperrholz
30 cm × 220 cm
Werkverzeichnis Nr. 184

Untitled

1987
Encaustic, paper on plywood
11.8 × 86.6 in.
Catalogue raisonné no. 184

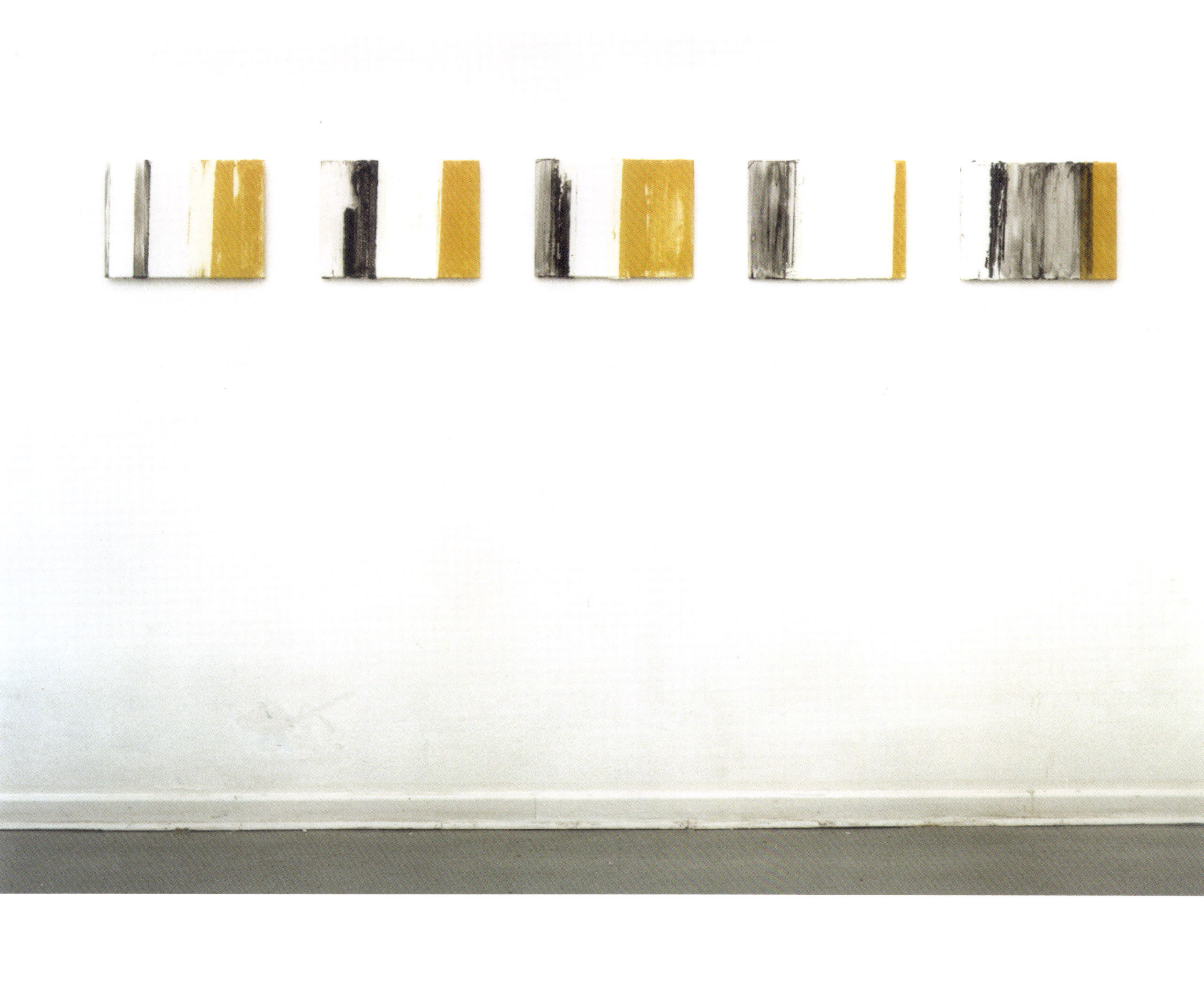

o.T.
1987 Rocchetta, Italien
Leimfarbe, Collage auf Mauerwerk, in situ
50 cm × 250 cm
Werkverzeichnis Nr. 962

Untitled
1987 Rocchetta, Italy
Glue paint, collage on masonry, in situ
19.7 × 98.4 in.
Catalogue raisonné no. 962

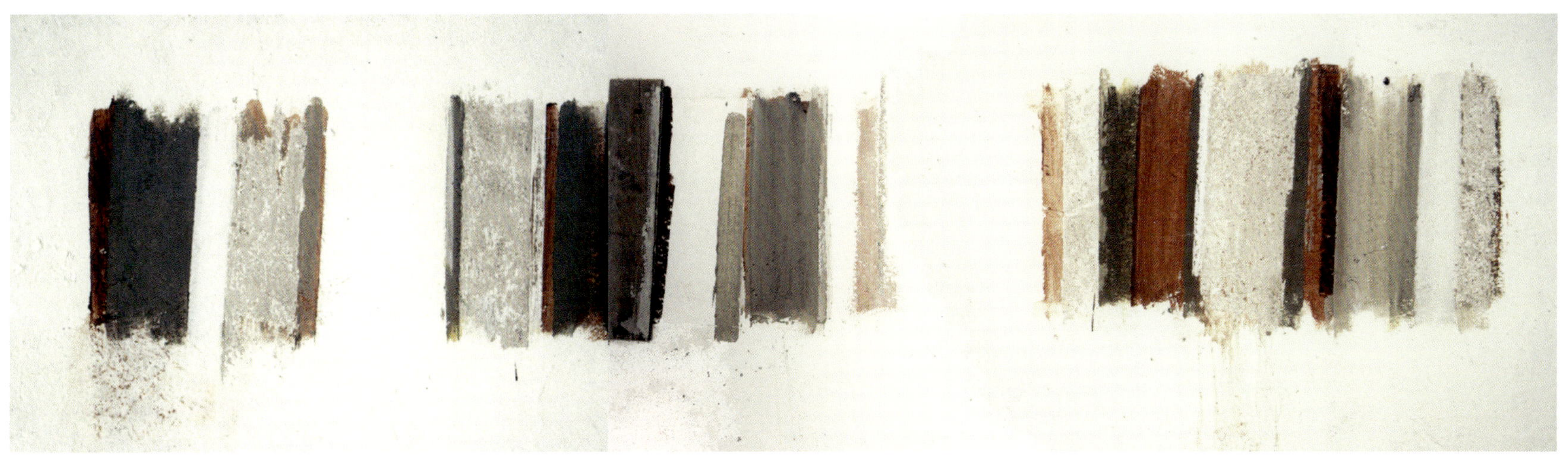

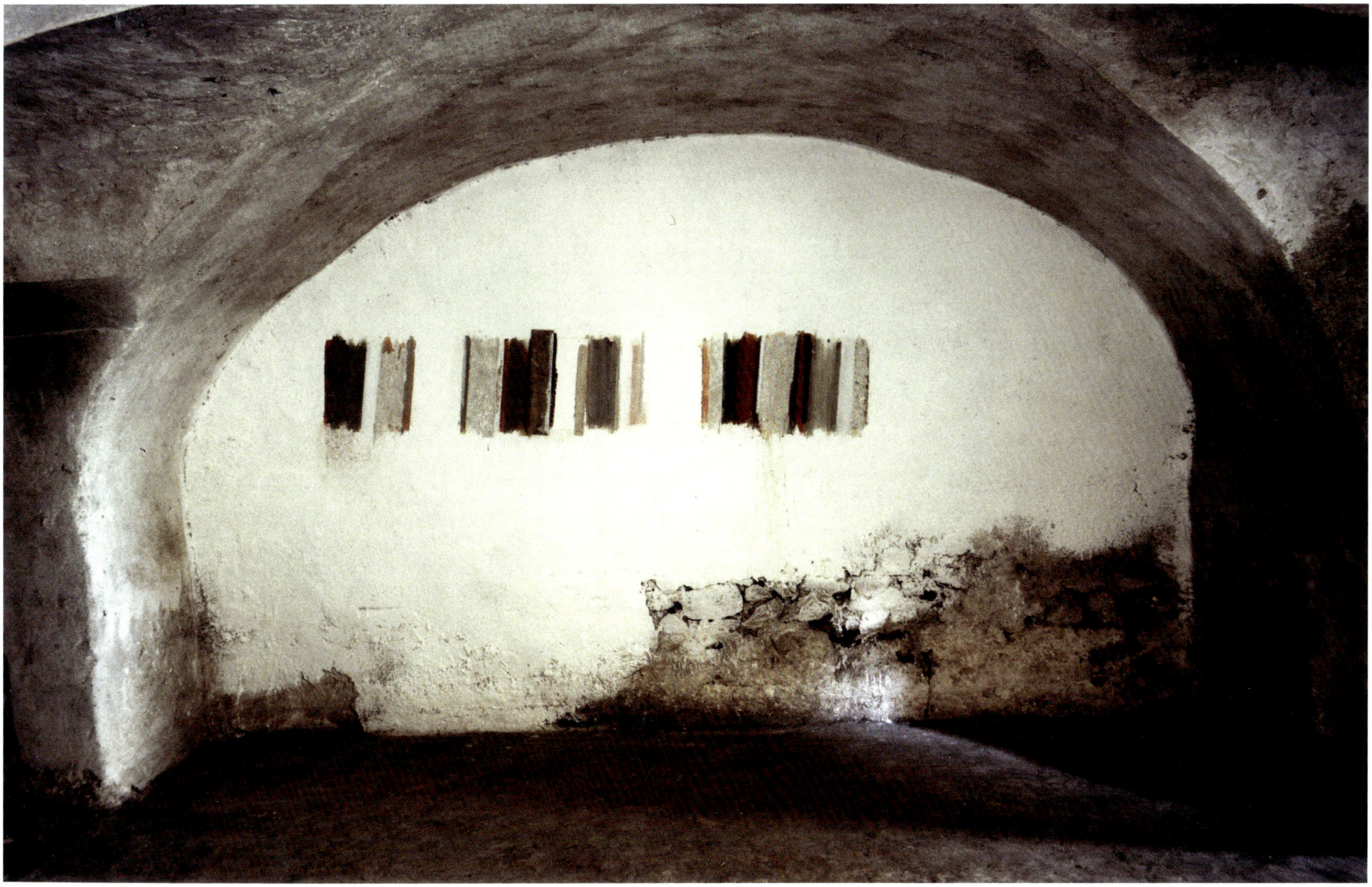

o. T.
1987
Öl und Collage auf Papier
70 cm × 100 cm
Werkverzeichnis Nr. 153

Untitled
1987
Oil and collage on paper
27.6 × 39.4 in.
Catalogue raisonné no. 153

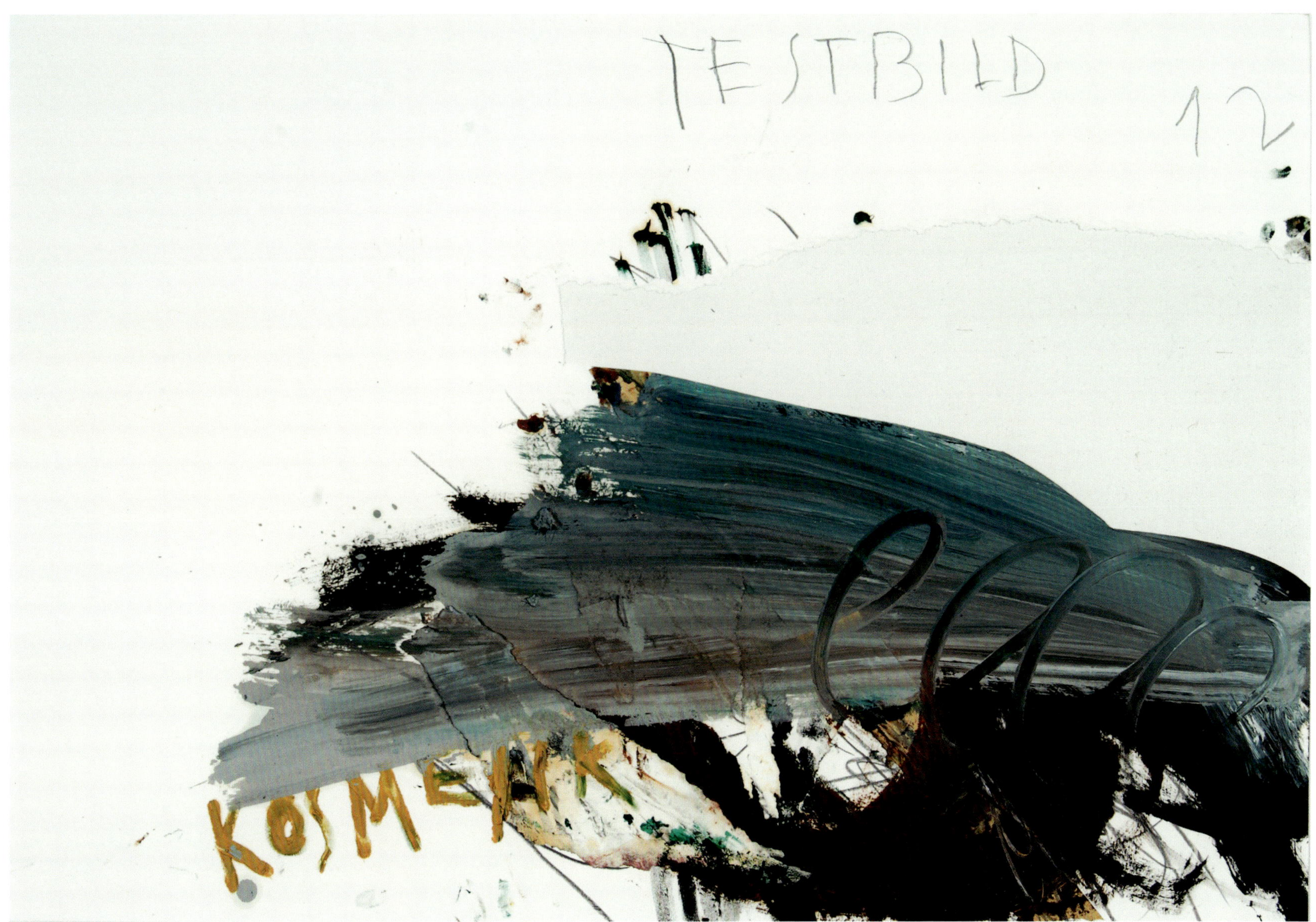

TESTBILD
12
KOSMETIK

o. T.
1987
Öl und Collage auf Papier
70 cm × 100 cm
Werkverzeichnis Nr. 158

Untitled
1987
Oil and collage on paper
27.6 × 39.4 in.
Catalogue raisonné no. 158

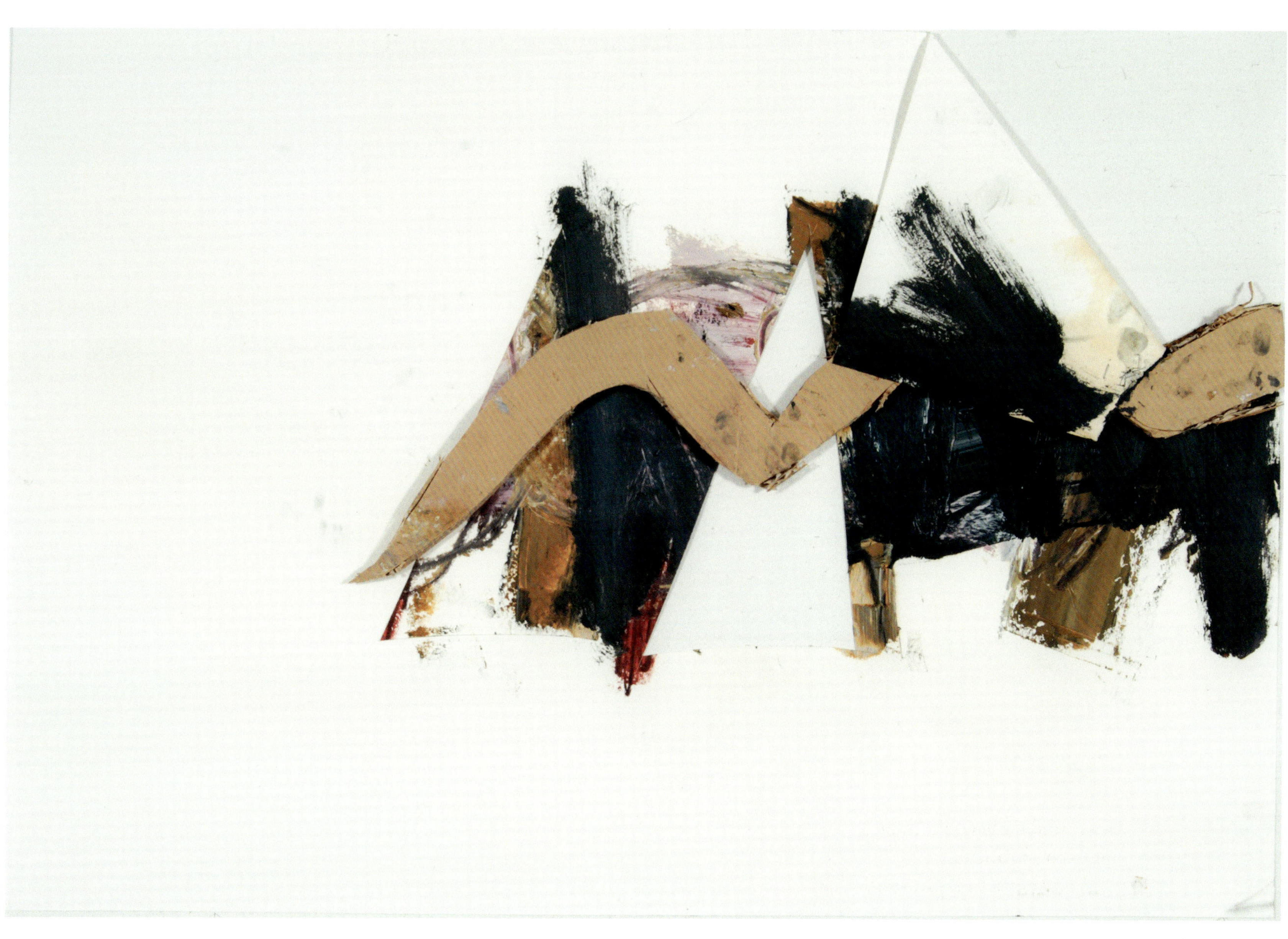

o.T.
1988
Acryl auf Karton
Maße unbekannt, zerstört
Werkverzeichnis Nr. 409

Untitled
1988
Acrylic on cardboard
Dimensions unknown, destroyed
Catalogue raisonné no. 409

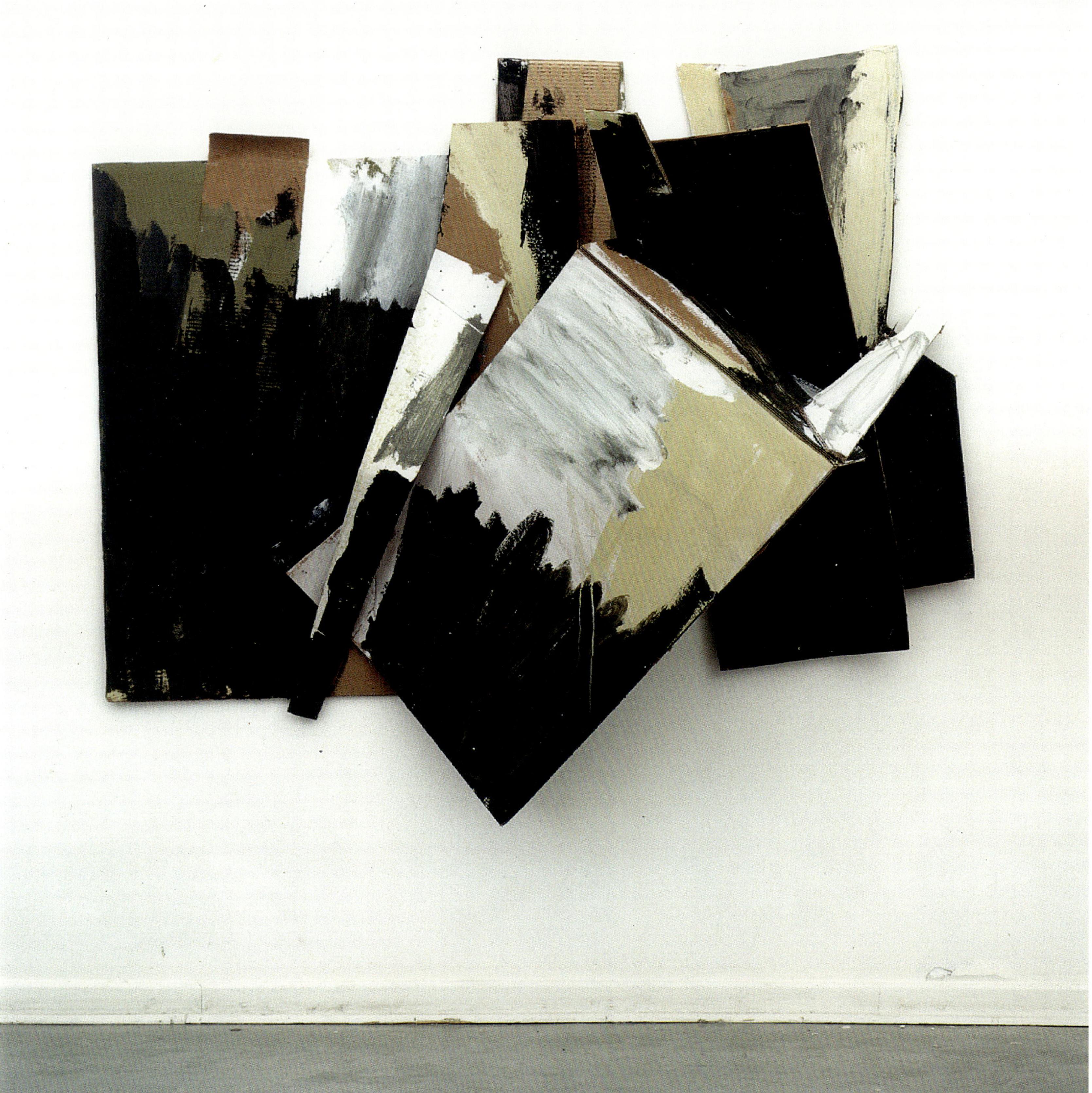

Arm
1989
Öl auf Leinwand
145 cm × 190 cm
Werkverzeichnis Nr. 138

Arm
1989
Acrylic on canvas
57.1 × 74.8 in.
Catalogue raisonné no. 138

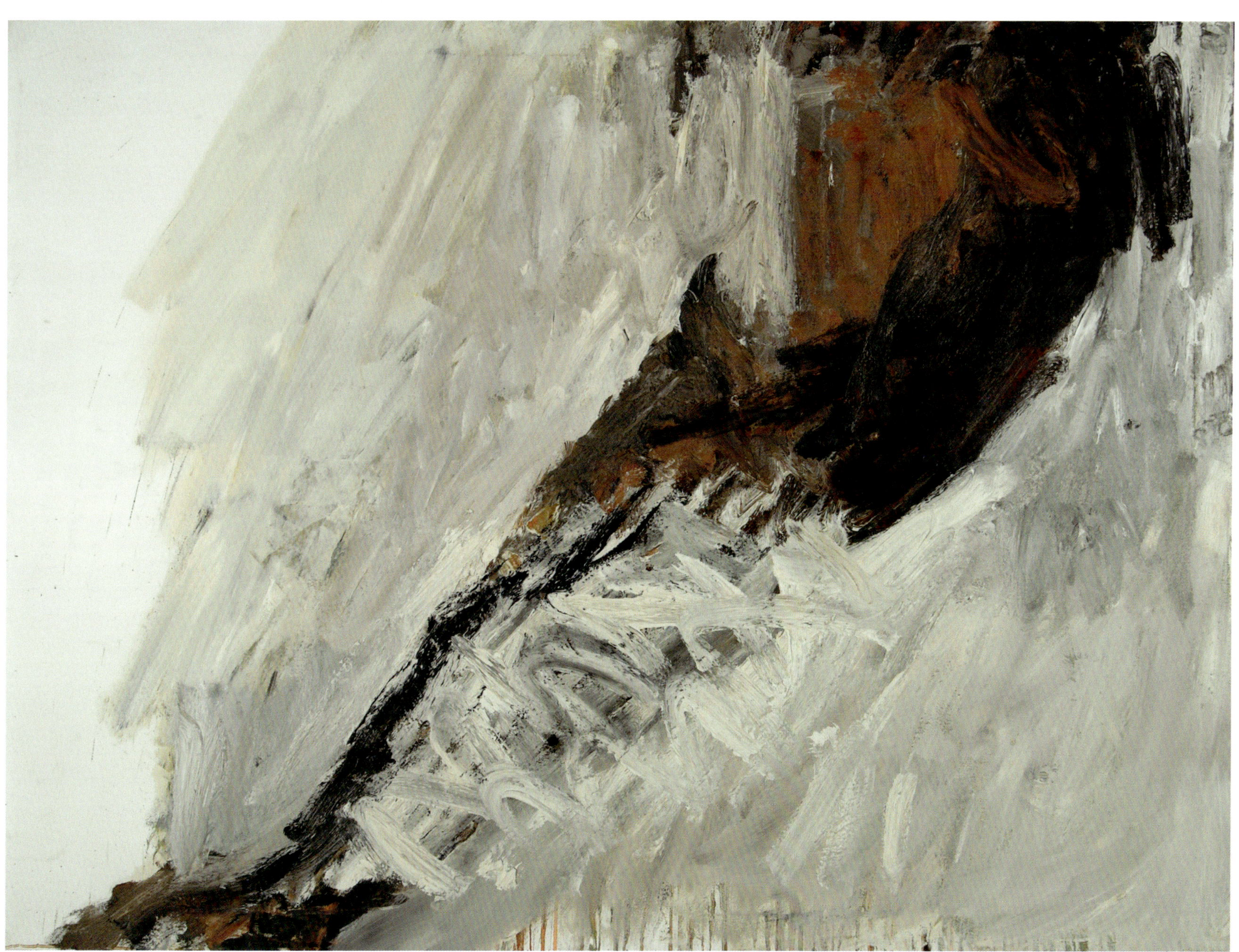

Arm

1990
Acryl auf Leinwand
155 cm × 200 cm
Werkverzeichnis Nr. 1422

Arm

1990
Acrylic on canvas
61.0 × 78.7 in.
Catalogue raisonné no. 1422

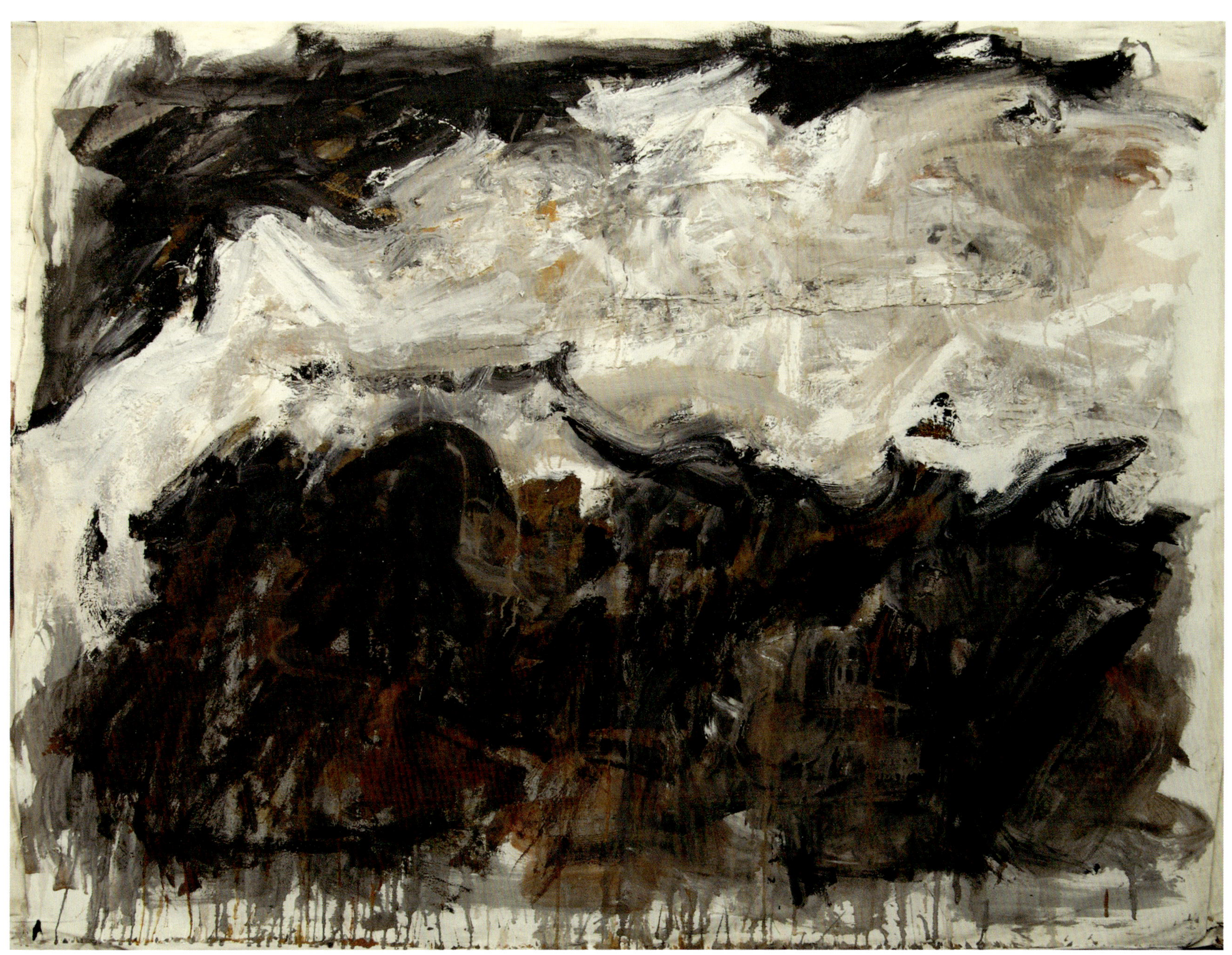

Arm

1990
Acryl auf Leinwand
150 cm × 200 cm
Werkverzeichnis Nr. 124

Arm

1990
Acrylic on canvas
59.1 × 78.7 in.
Catalogue raisonné no. 124

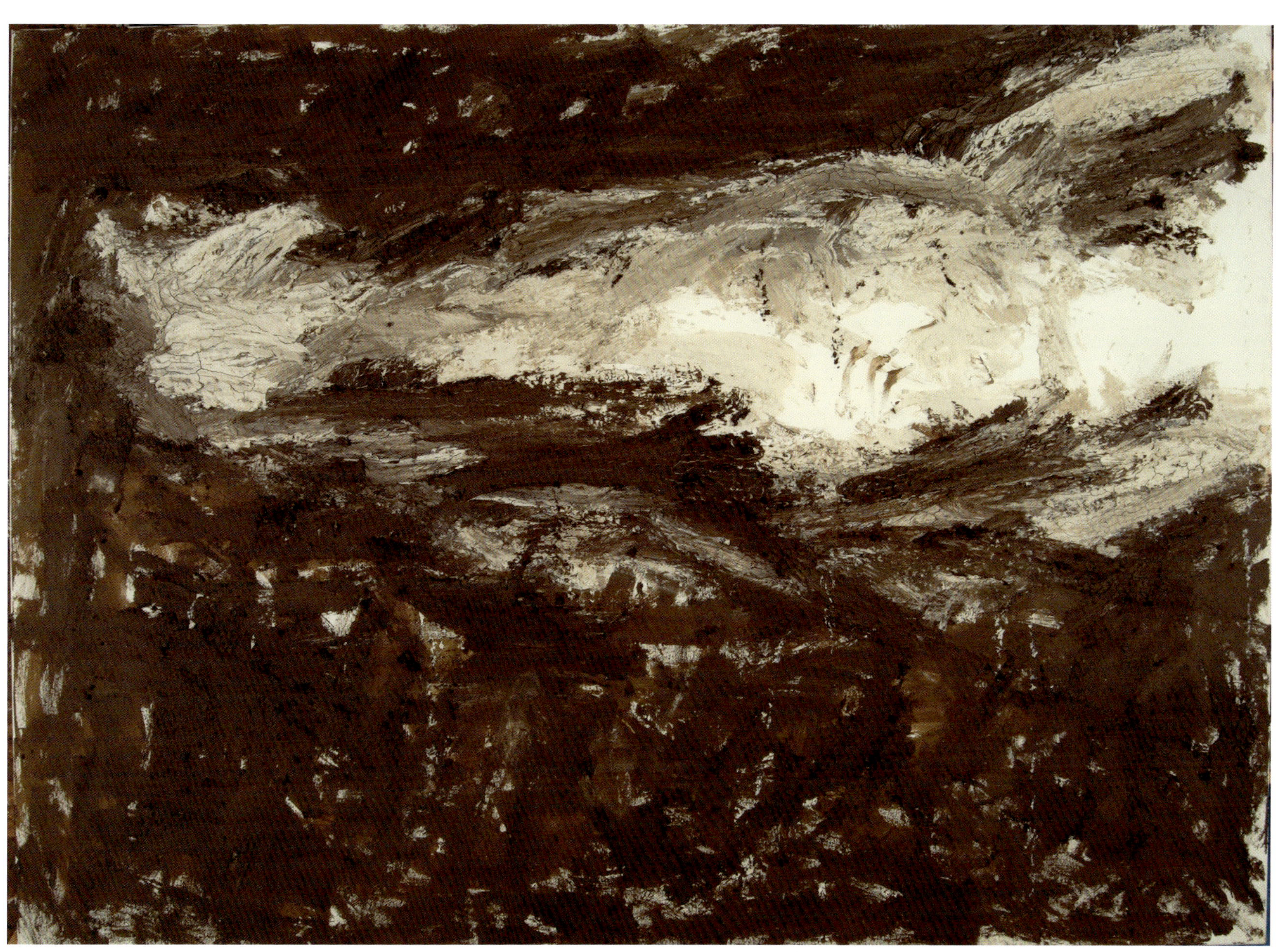

Mann, schreitend

1990
Öl auf Leinwand
210 cm × 135 cm
Werkverzeichnis Nr. 132

Man, Striding

1990
Oil on canvas
82.7 × 53.1 in.
Catalogue raisonné no. 132

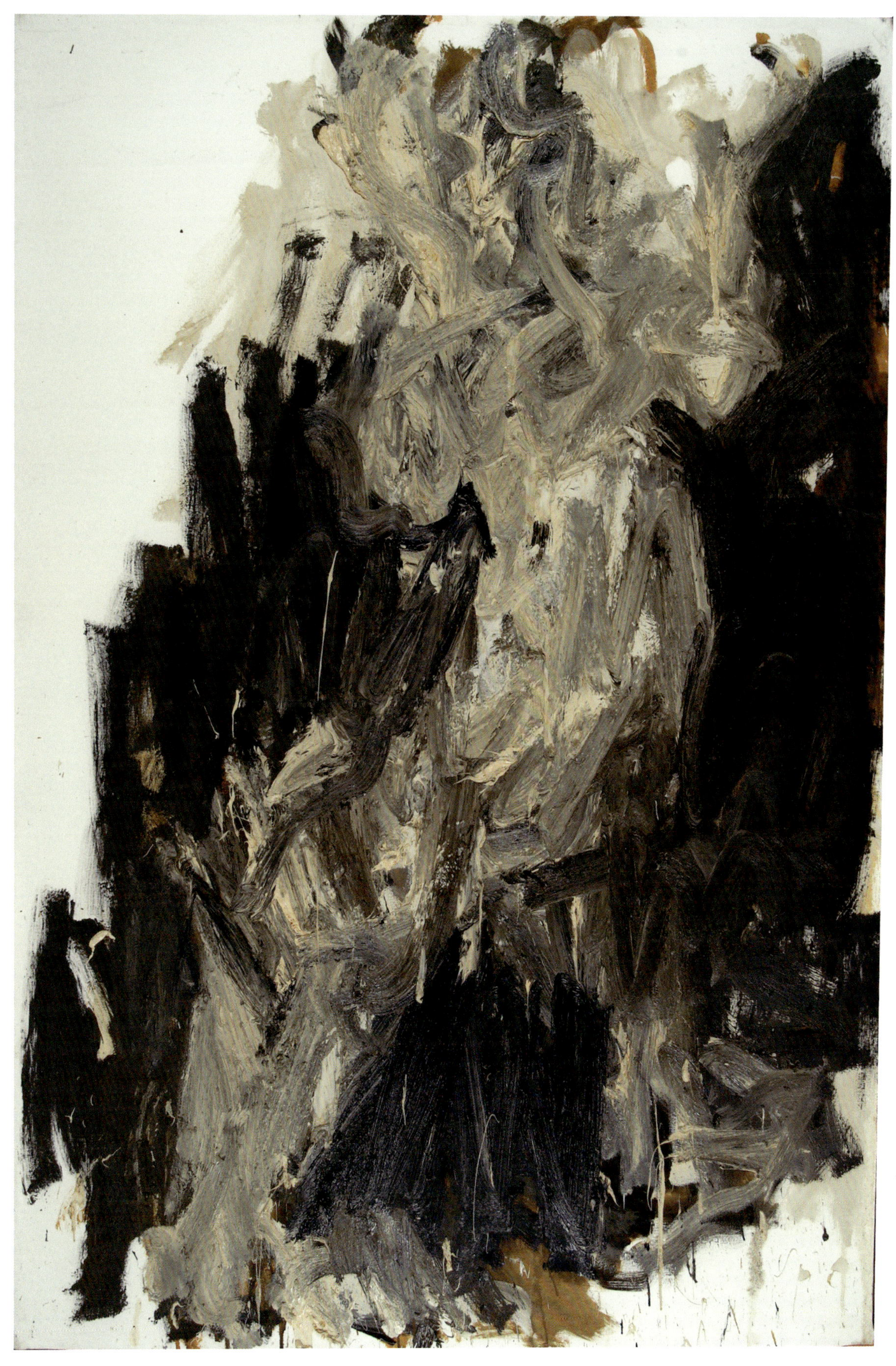

Mann

1990
Öl auf Leinwand
210 cm × 135 cm
Werkverzeichnis Nr. 134

Man

1990
Oil on canvas
82.7 × 53.1 in.
Catalogue raisonné no. 134

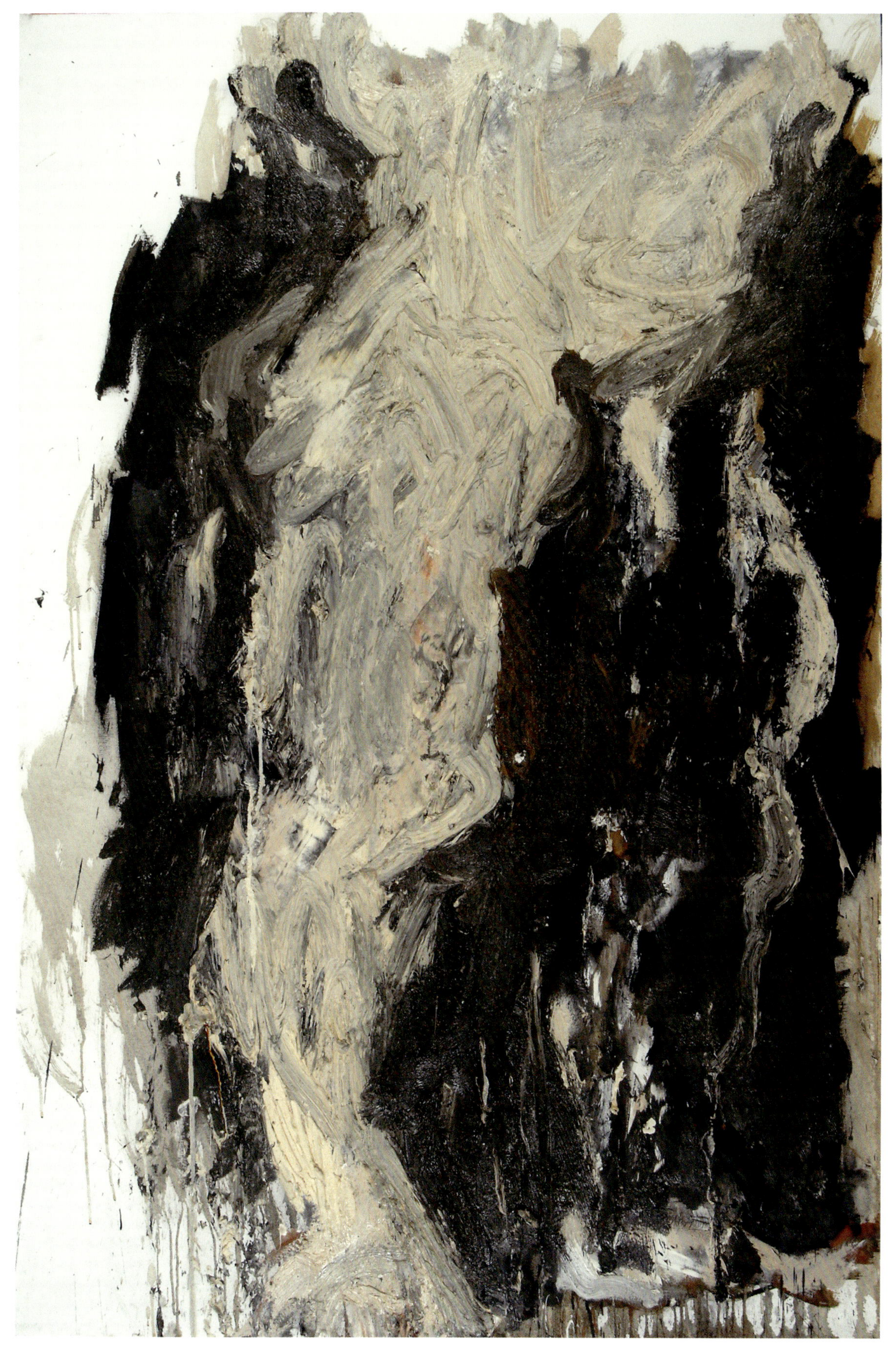

Stehende
1991
Öl auf Karton
185 cm × 100 cm
Werkverzeichnis Nr. 406

Standing
1991
Acrylic on cardboard
72.8 × 39.4 in.
Catalogue raisonné no. 406

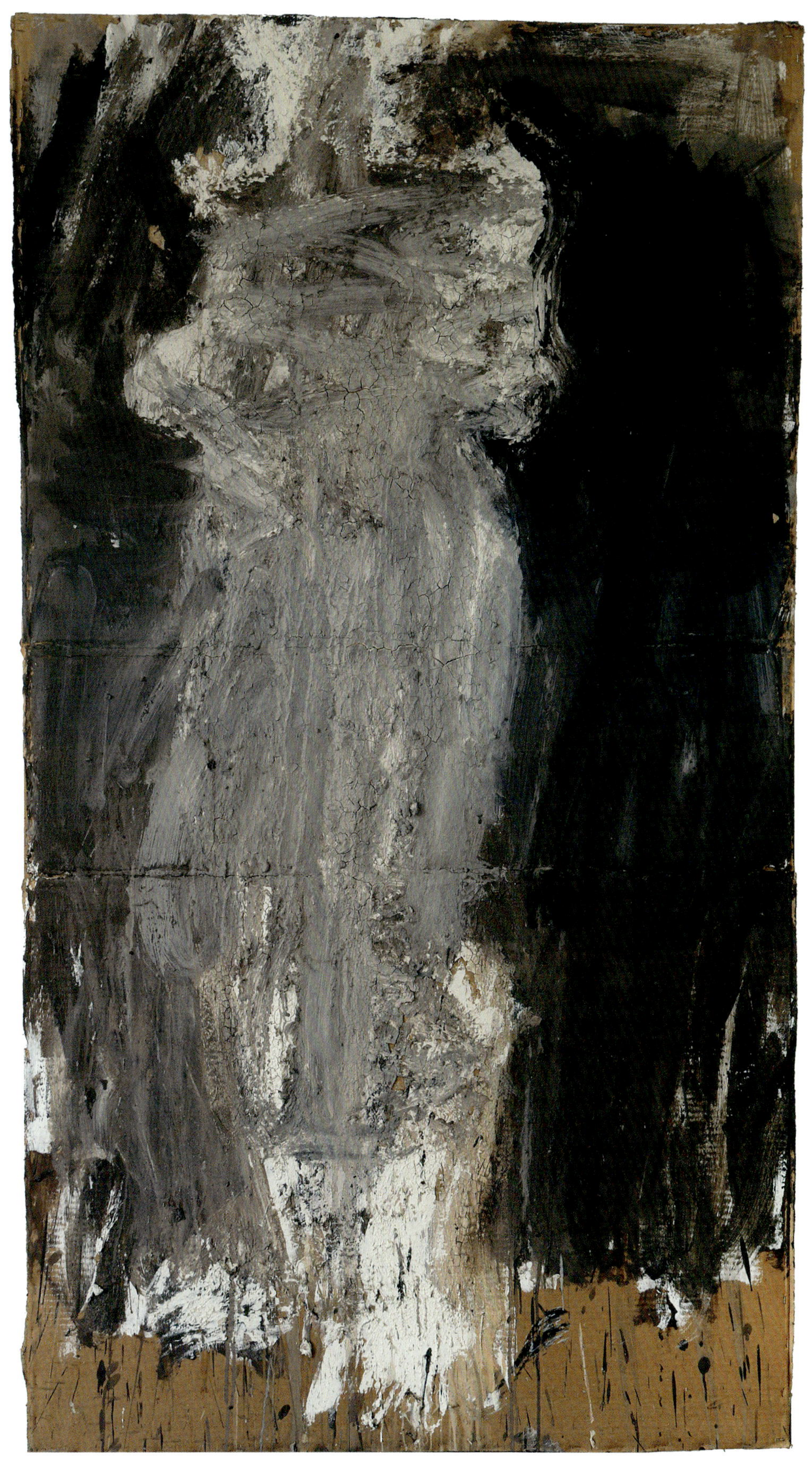

Schulterstück

1990
Öl auf Leinwand
140 cm × 140 cm
Werkverzeichnis Nr. 121

Shoulder Piece

1990
Oil on canvas
55.1 × 55.1 in.
Catalogue raisonné no. 121

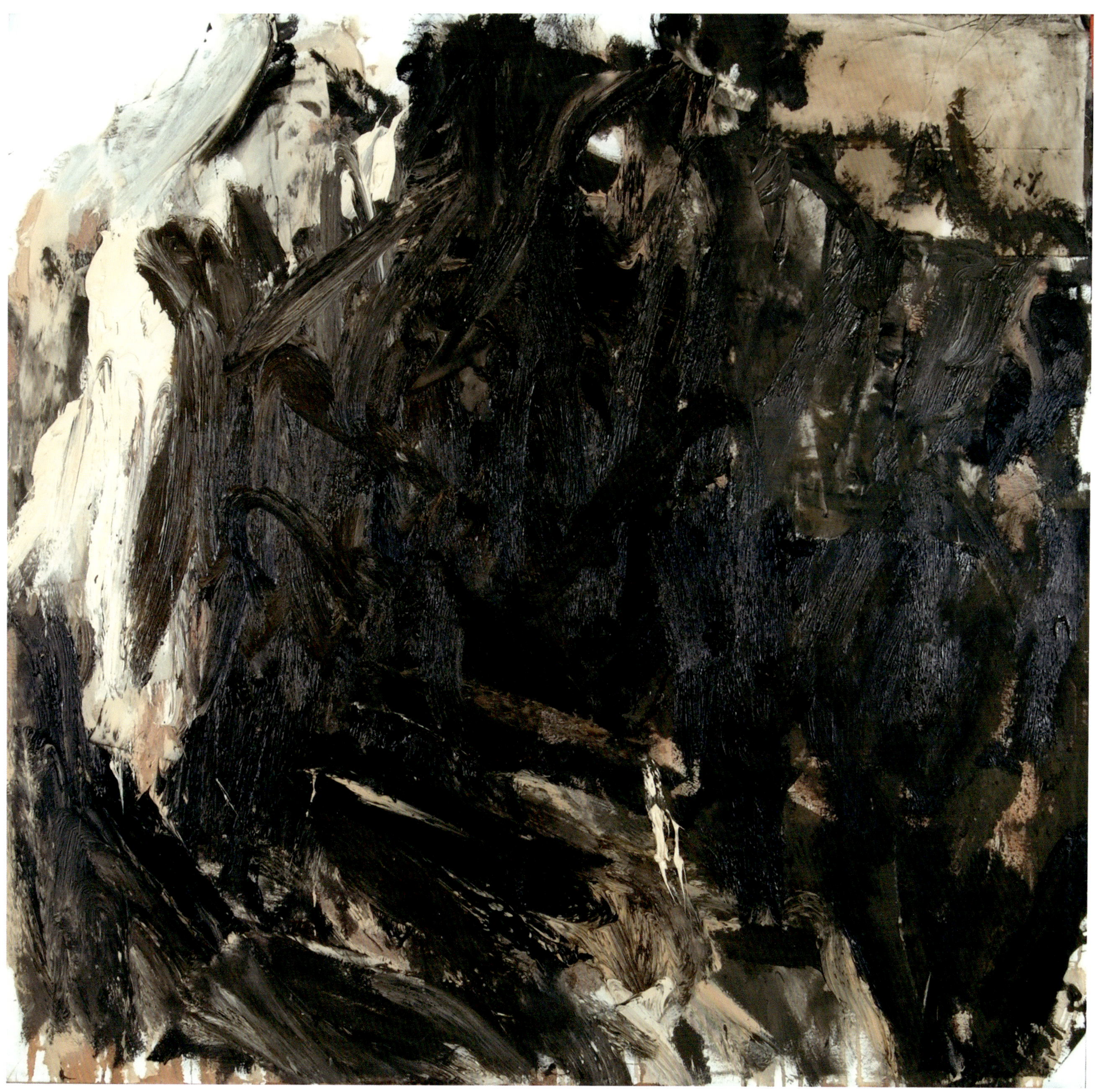

Steine
1998
Öl auf Karton
33 cm × 58 cm
Werkverzeichnis Nr. 736

Stones
1998
Oil on cardboard
13.0 × 22.8 in.
Catalogue raisonné no. 736

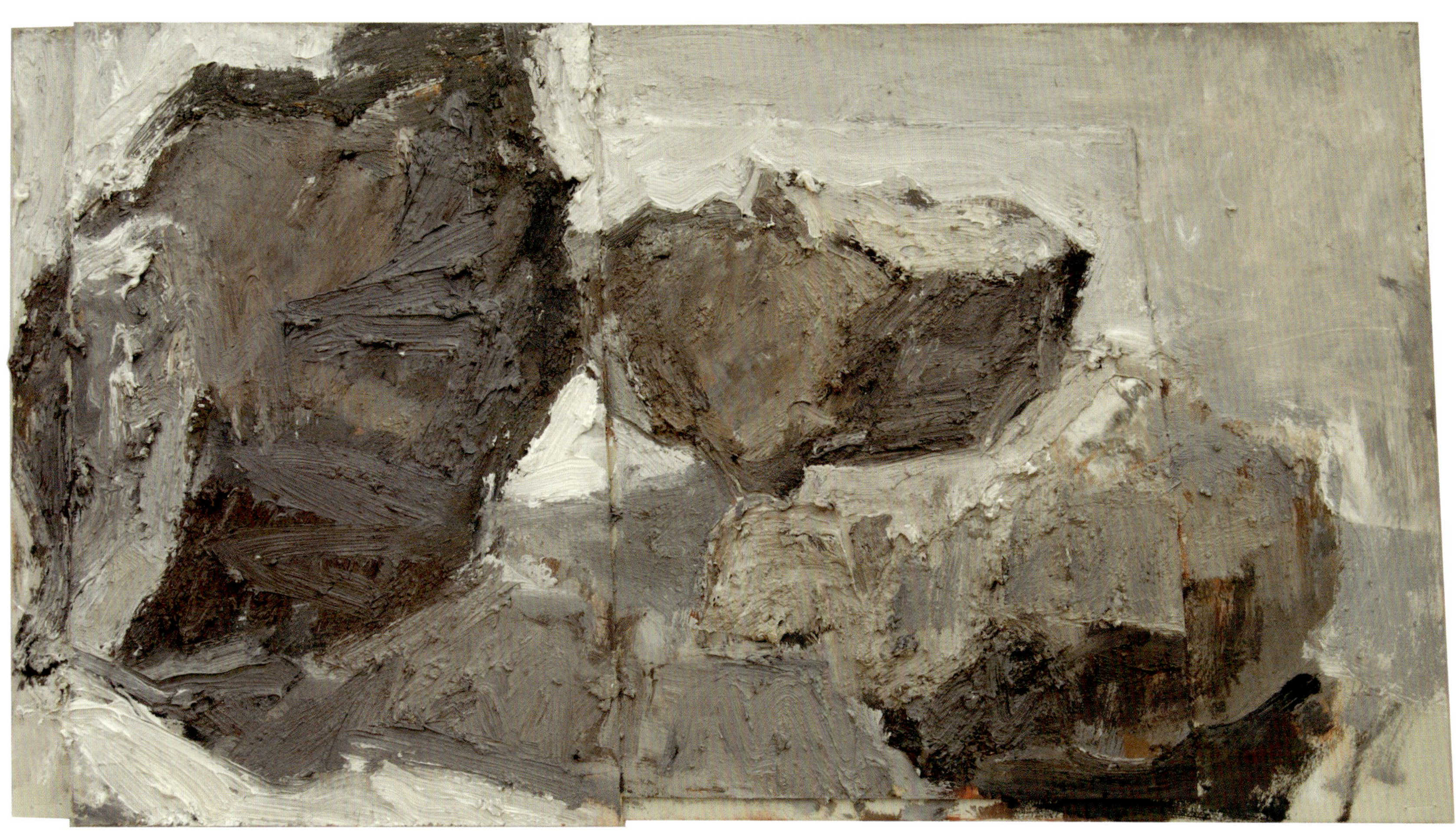

Tisch am Fenster
1998
Öl auf Karton
45 cm × 47 cm
Werkverzeichnis Nr. 242

Table by the Window
1998
Oil on cardboard
17.7 × 18.5 in.
Catalogue raisonné no. 242

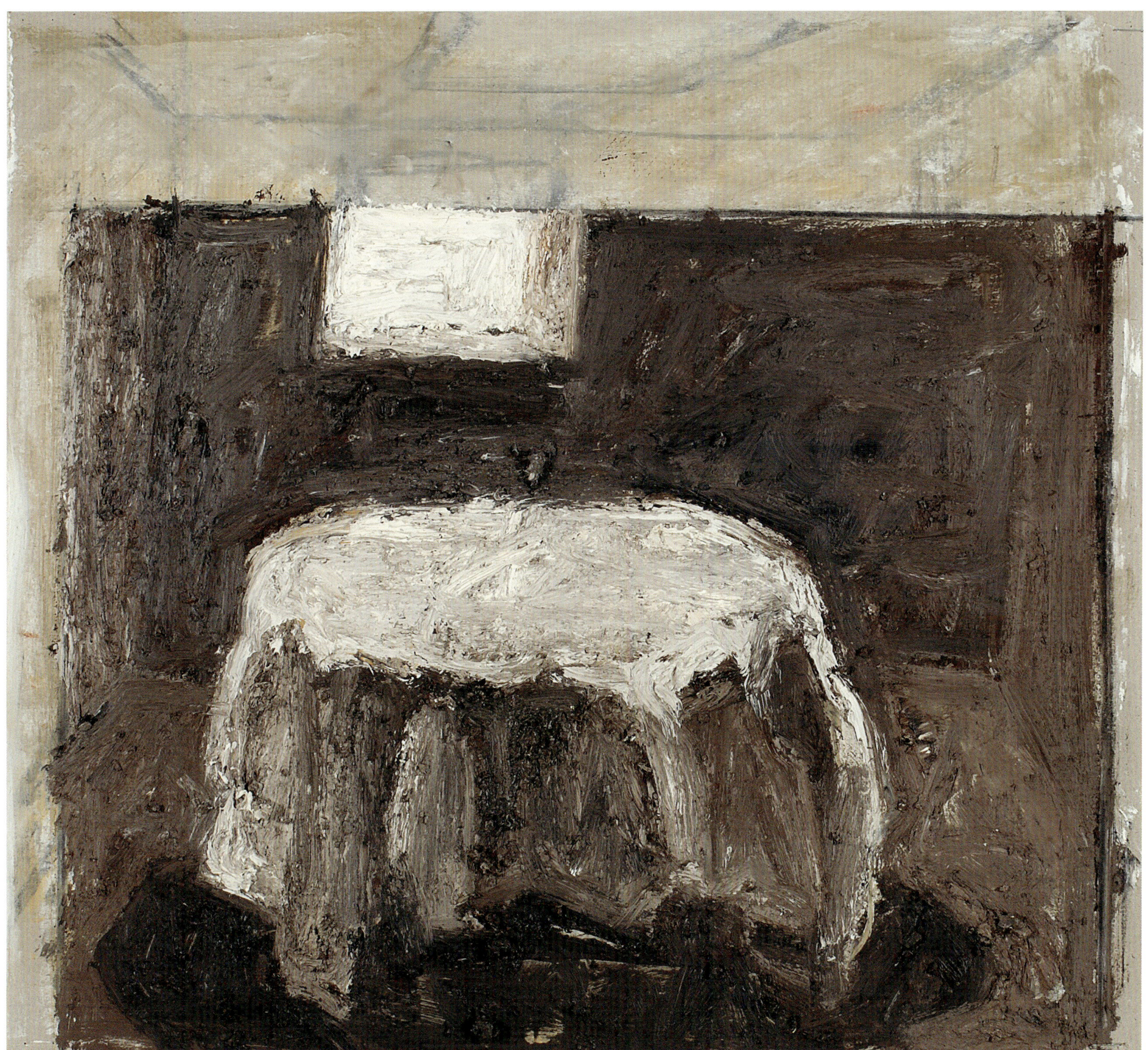

Arena
2001
Öl auf Karton
42 cm × 53 cm
Werkverzeichnis Nr. 402

Arena
2001
Oil on cardboard
16.5 × 20.9 in.
Catalogue raisonné no. 402

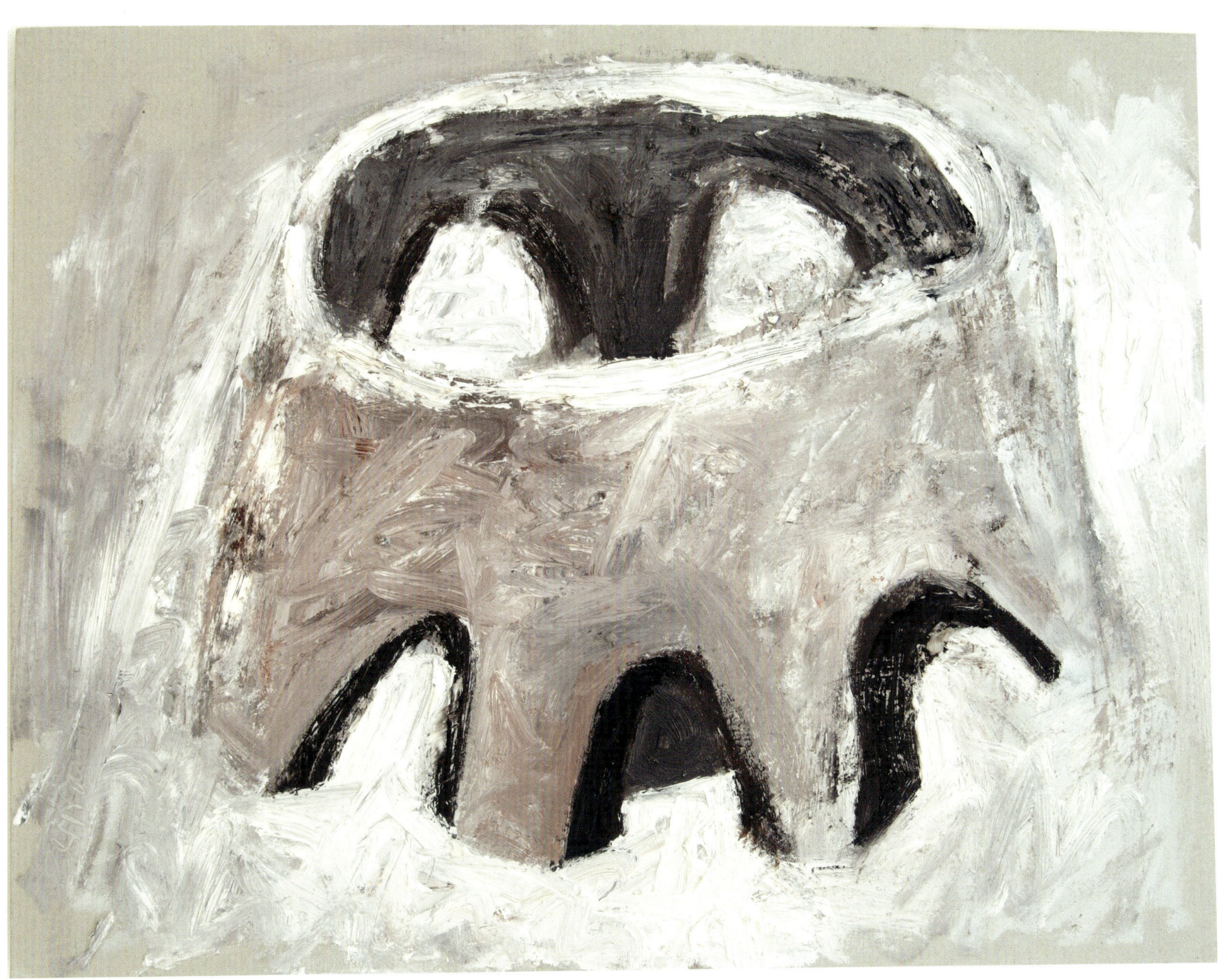

Behausung
2001
Öl auf Kapa-Platte
28 cm × 34 cm
Werkverzeichnis Nr. 257

Dwelling
2001
Oil on lightweight board
11.0 × 13.4 in.
Catalogue raisonné no. 257

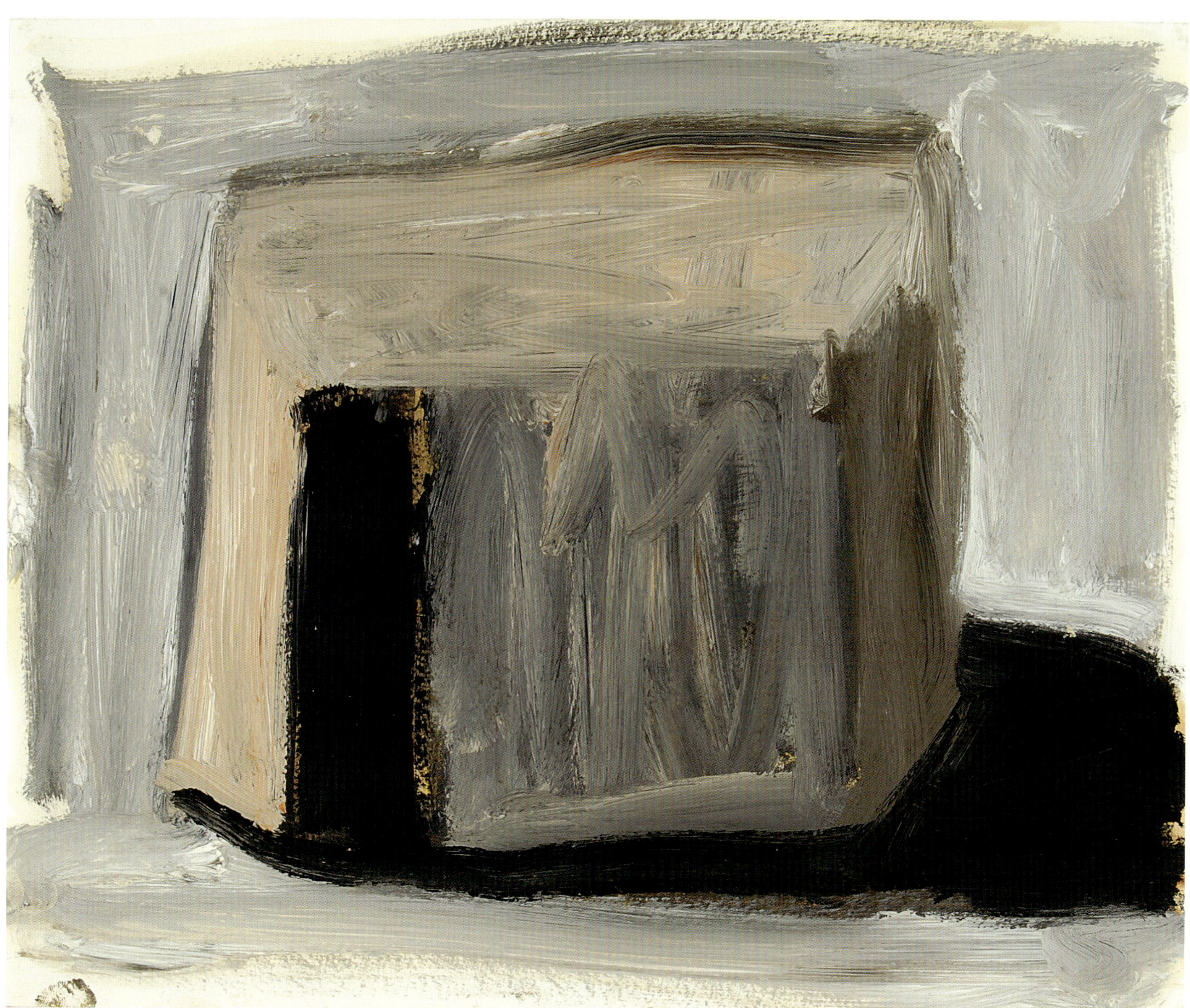

Turm
2001
Zeichenkohle auf Leinwand
160 cm × 225 cm
Werkverzeichnis Nr. 903

Tower
2001
Charcoal on canvas
63.0 × 88.6 in.
Catalogue raisonné no. 903

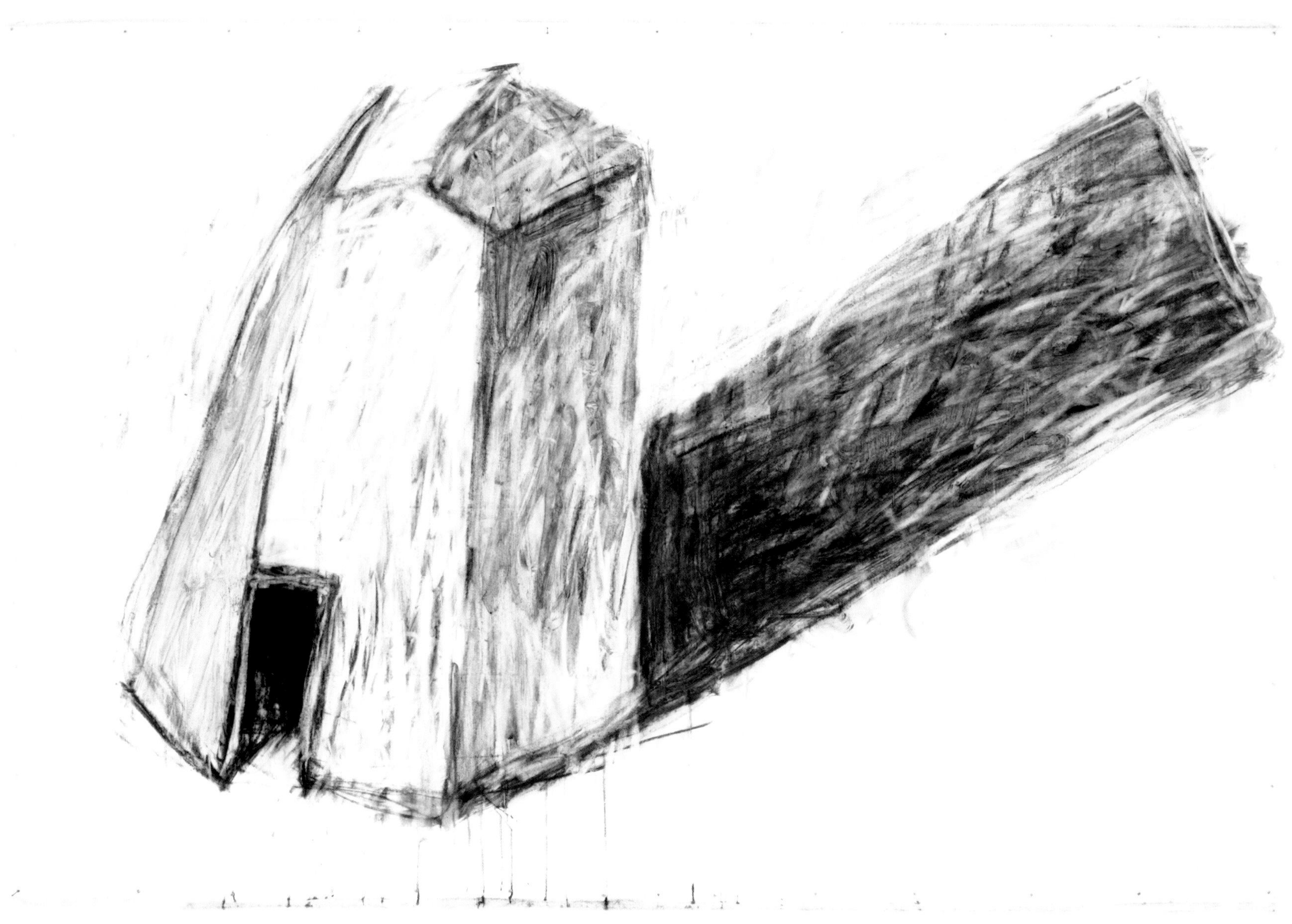

Plateau
2001
Zeichenkohle auf Leinwand
210 cm × 250 cm
Werkverzeichnis Nr. 394

Plateau
2001
Charcoal on canvas
82.7 × 98.4 in.
Catalogue raisonné no. 394

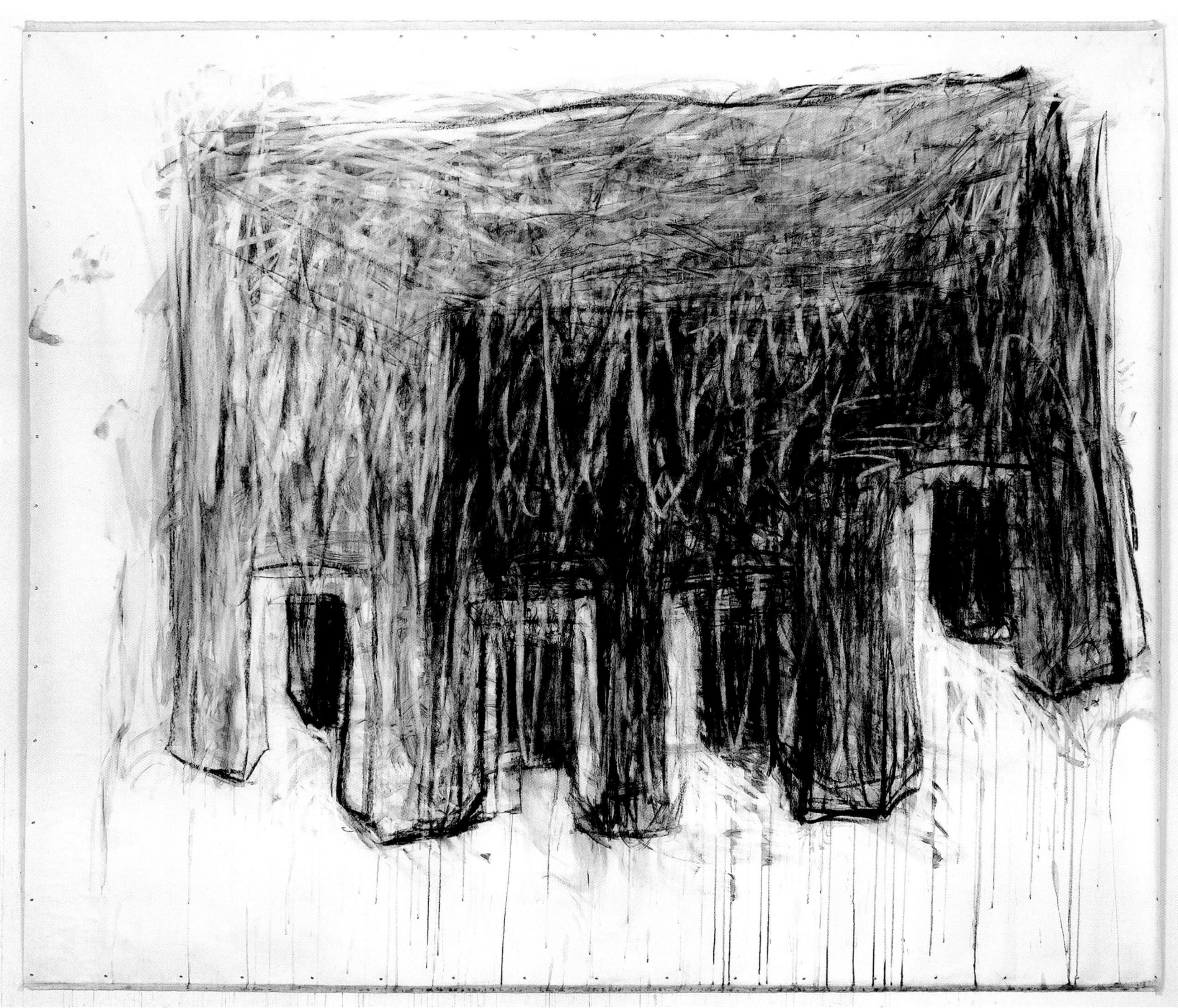

Weg

2002
Zeichenkohle, Kreide auf Leinwand
210 cm × 300 cm
Werkverzeichnis Nr. 437

Path

2002
Charcoal, chalk on canvas
82.7 × 118.1 in.
Catalogue raisonné no. 437

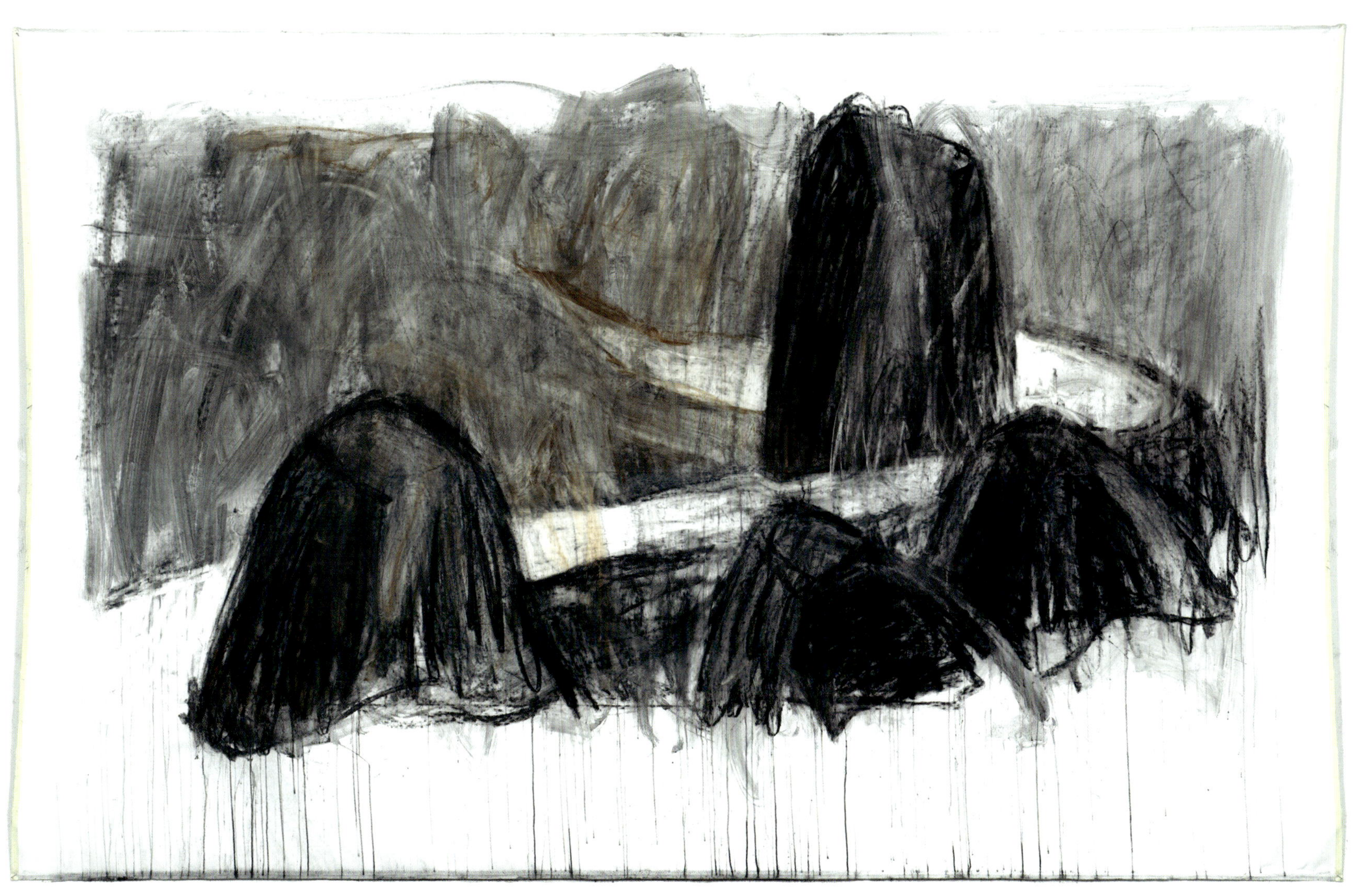

Rampe

2004
Acryl auf leinwandkaschiertem Karton
50 cm × 65 cm
Werkverzeichnis Nr. 423

Ramp

2004
Acrylic on canvas-laminated cardboard
19.7 × 25.6 in.
Catalogue raisonné no. 423

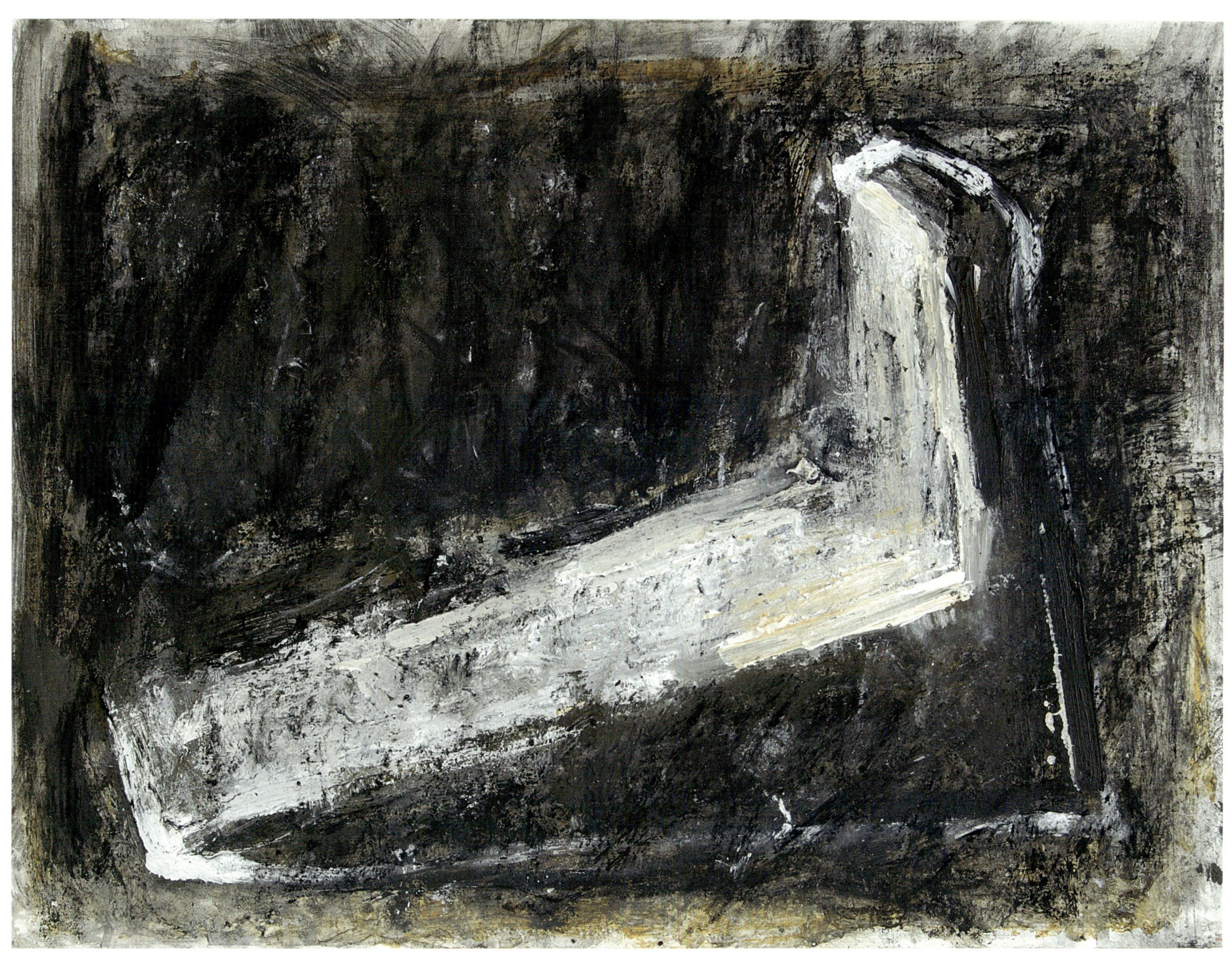

Kahn
2006
Acryl, Zeichenkohle, Kreide auf Papier
110 cm × 215 cm
Werkverzeichnis Nr. 928

Barge
2006
Acrylic, charcoal, chalk on paper
43.3 × 84.6 in.
Catalogue raisonné no. 928

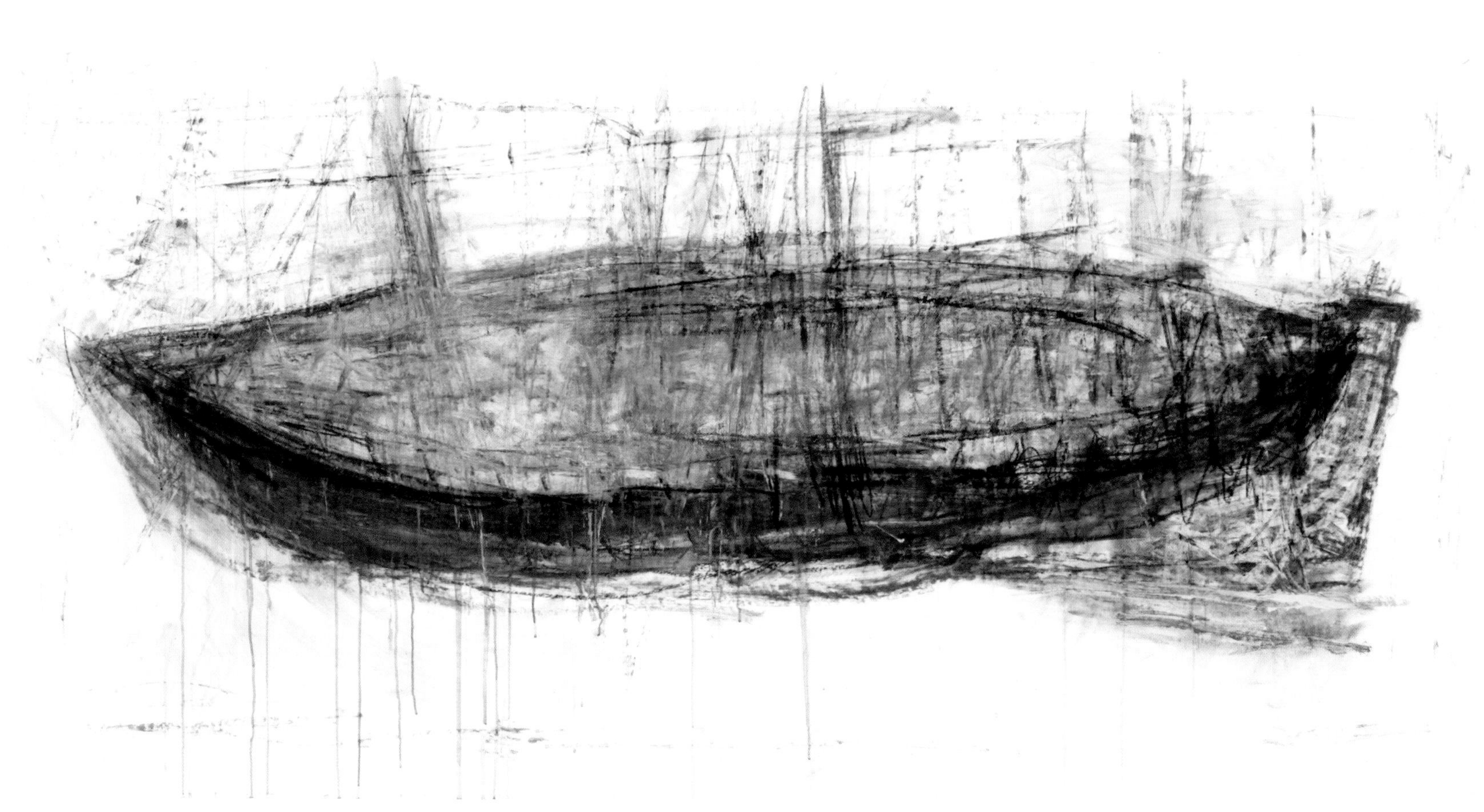

Nachen
2005
Acryl auf leinwandkaschierter Hartfaserplatte
50 cm × 120 cm
Werkverzeichnis Nr. 301

Barge
2005
Acrylic on canvas-laminated hardboard
19.7 × 47.2 in.
Catalogue raisonné no. 301

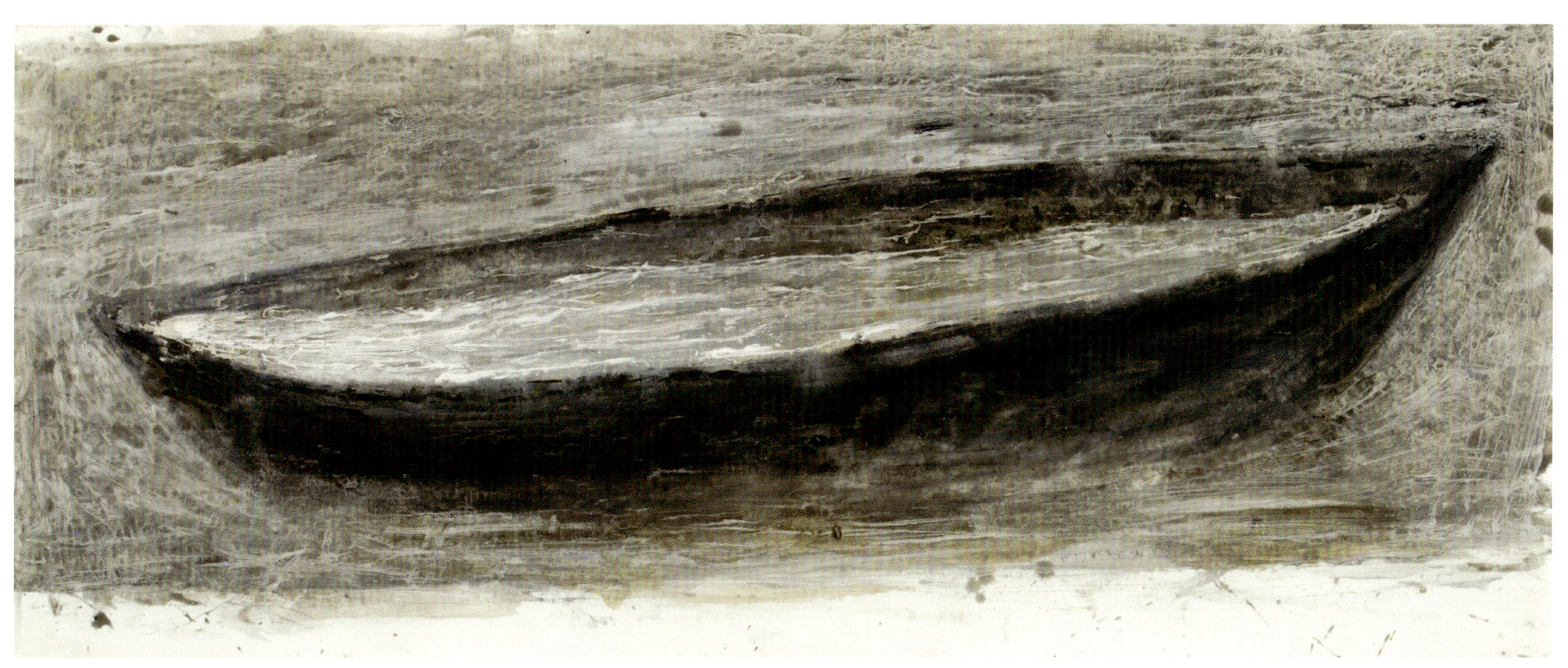

Nachen

2005
Acryl auf leinwandkaschierter Hartfaserplatte
70 cm × 155 cm
Werkverzeichnis Nr. 279

Barge

2005
Acrylic on canvas-laminated hardboard
27.6 × 61.0 in.
Catalogue raisonné no. 279

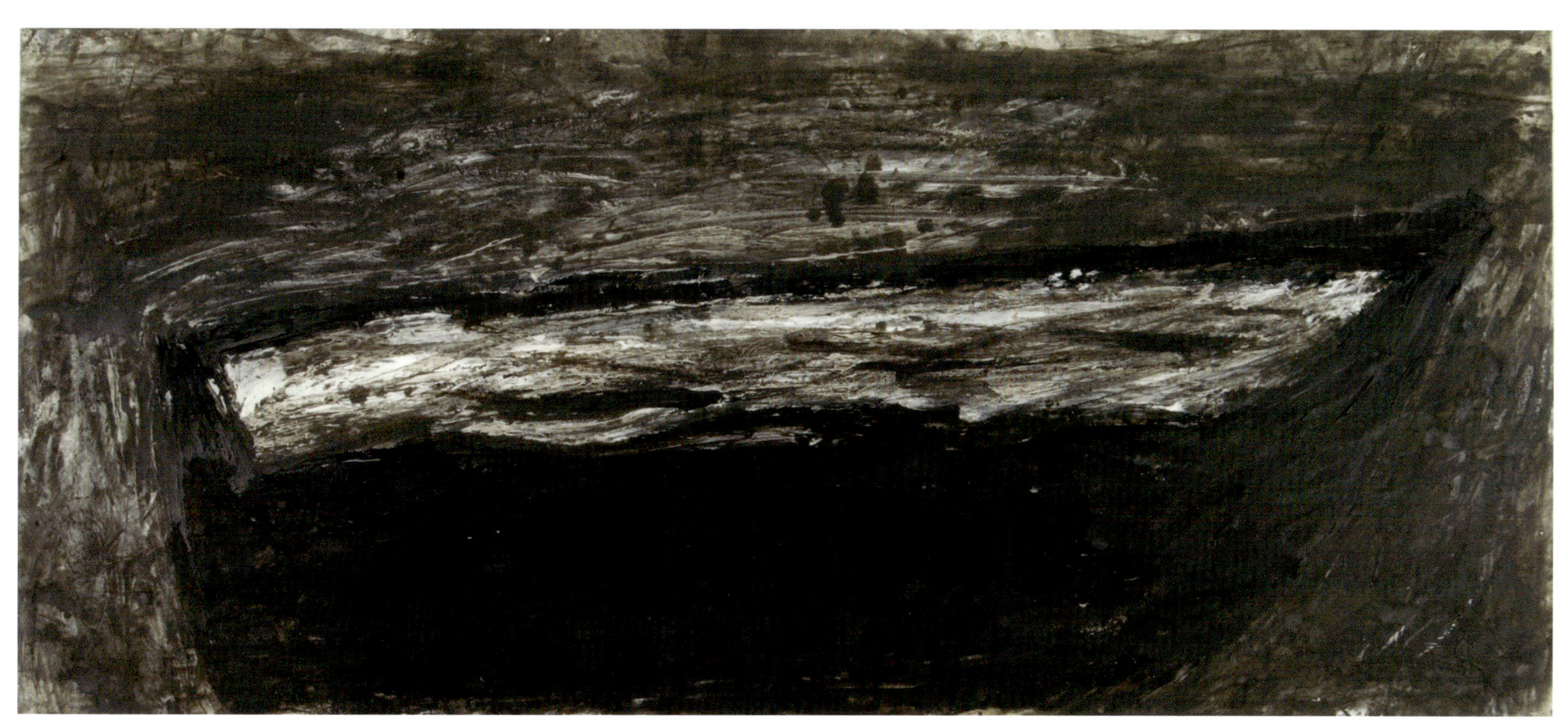

Lagune
2006
Acryl auf Leinwand
90 cm × 210 cm
Werkverzeichnis Nr. 287

Lagoon
2006
Acrylic on canvas
35.4 × 82.7 in.
Catalogue raisonné no. 287

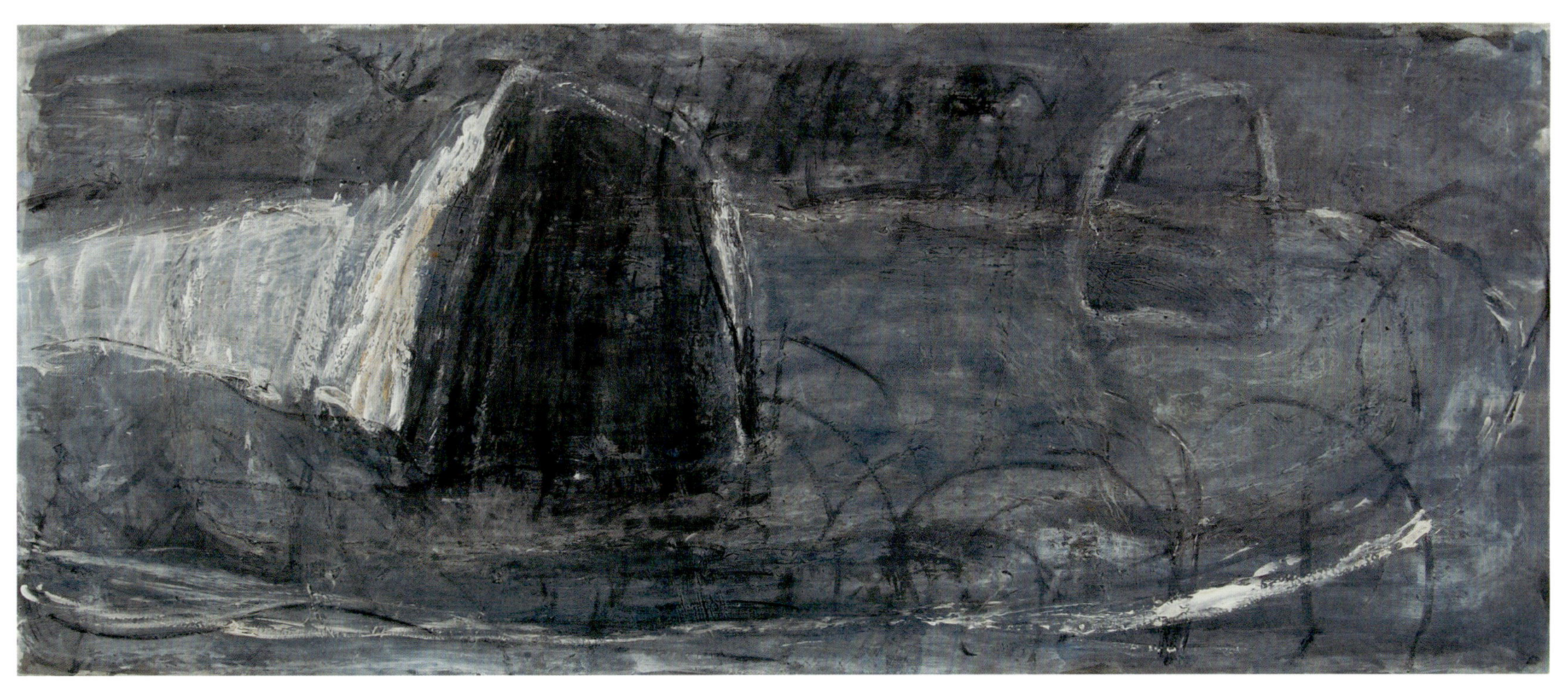

Haus am Fluss
2006
Acryl auf Leinwand
70 cm × 160 cm
Werkverzeichnis Nr. 286

House by the river
2006
Acrylic on canvas
27.6 × 63.0 in.
Catalogue raisonné no. 286

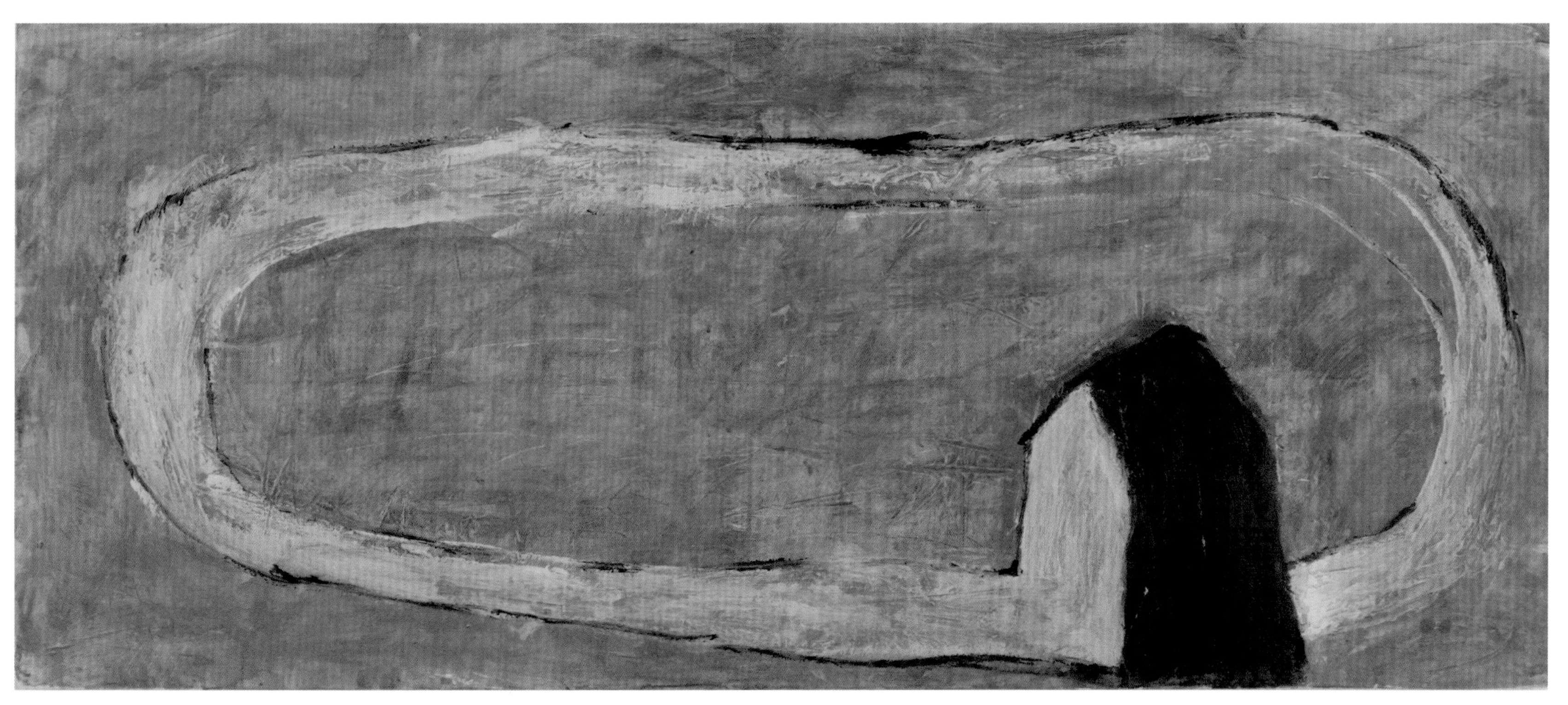

Pfahlbau
2008
Kupferdruckfarbe auf Polyesterfolie
125 cm × 205 cm
Werkverzeichnis Nr. 422

Pile dwelling
2008
Copper ink on polyester foil
49.2 × 80.7 in.
Catalogue raisonné no. 422

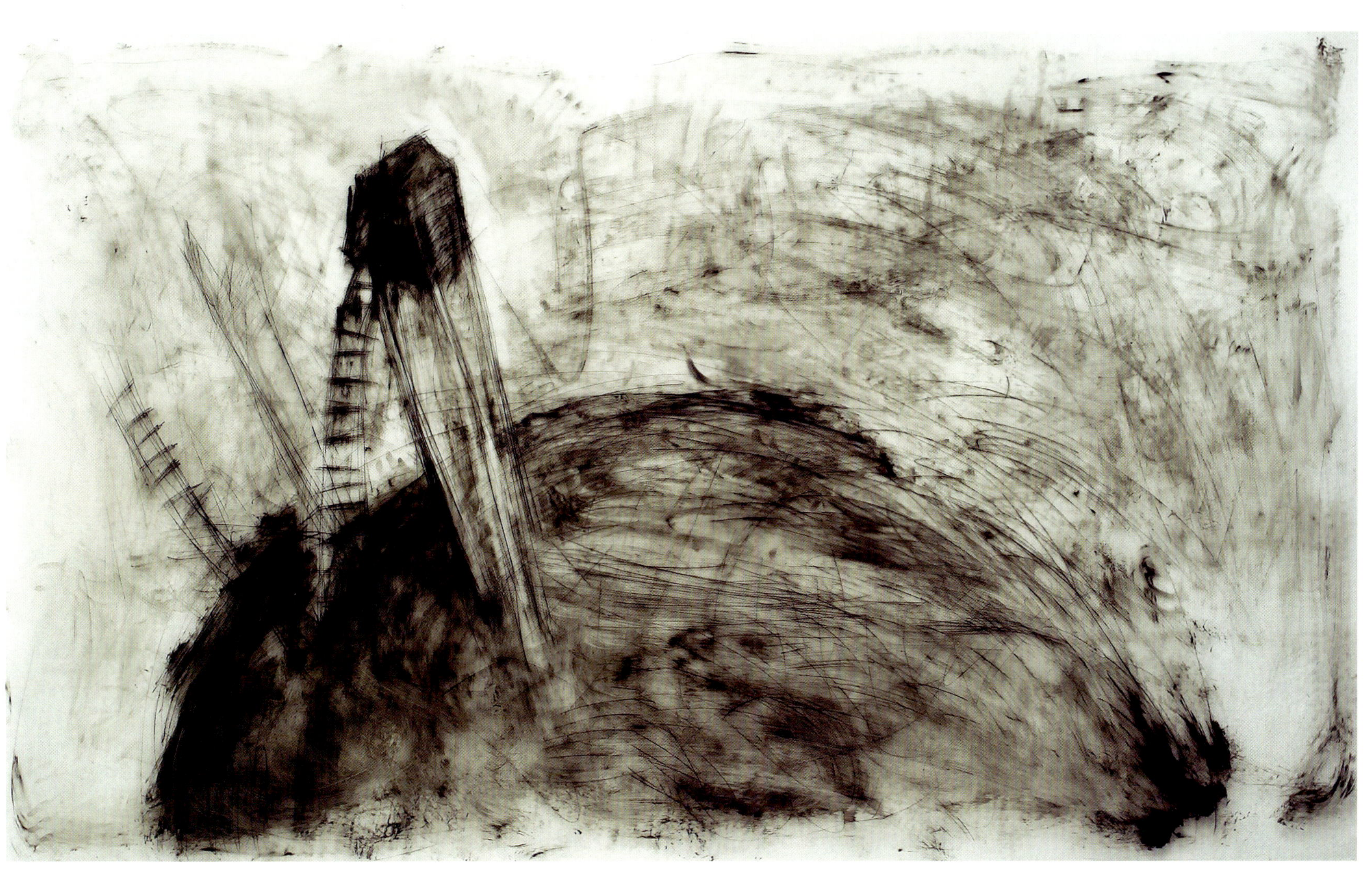

o.T. (Perspektive)
2009
Öl, Bleistift auf Hartfaserplatte
60 cm × 130 cm
Werkverzeichnis Nr. 1734

Untitled (Perspective)
2009
Oil, pencil on hardboard
23.6 × 51.2 in.
Catalogue raisonné no. 1734

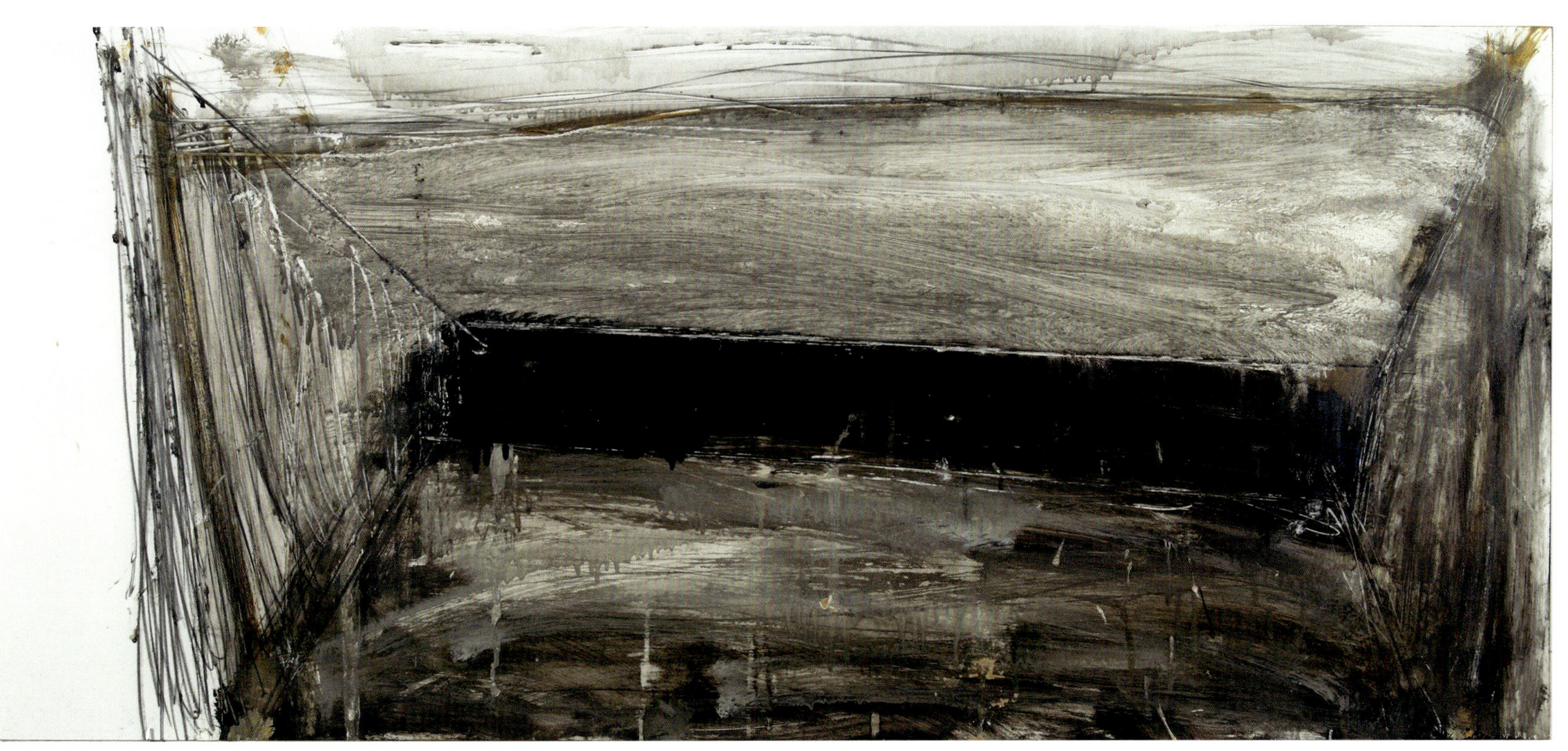

o.T.
2010
Öl, Zeichenkohle auf Hartfaserplatte
50 cm × 60 cm
Werkverzeichnis Nr. 1728

Untitled
2010
Oil, charcoal on hardboard
13.8 × 25.6 in.
Catalogue raisonné no. 1728

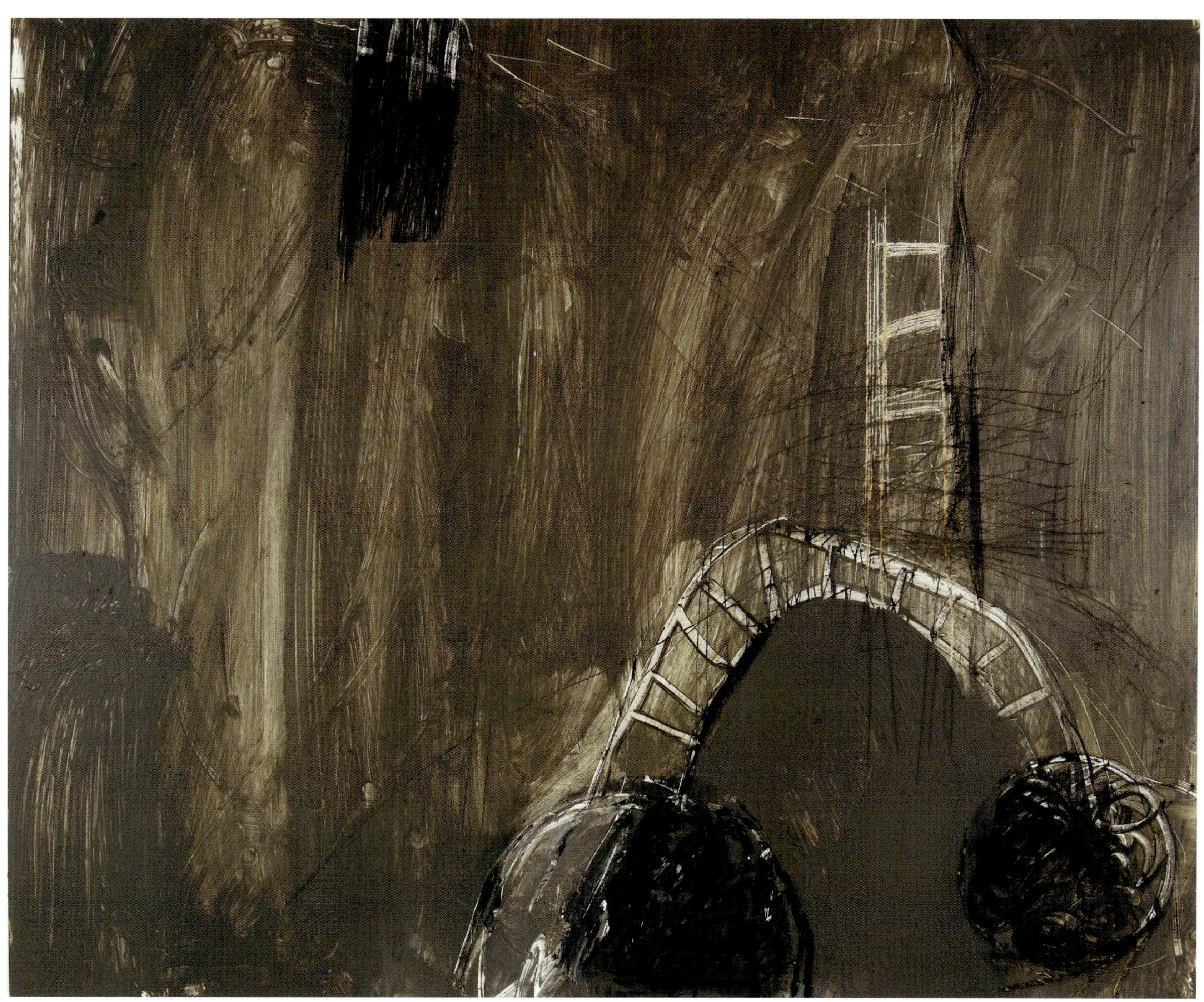

Am Fluss
2016
Acryl, Collage auf leinwandkaschiertem Karton
40 cm × 30 cm
Werkverzeichnis Nr. 1800

By the river
2016
Acrylic, collage on canvas-laminated cardboard
15.7 × 11.8 in.
Catalogue raisonné no. 1800

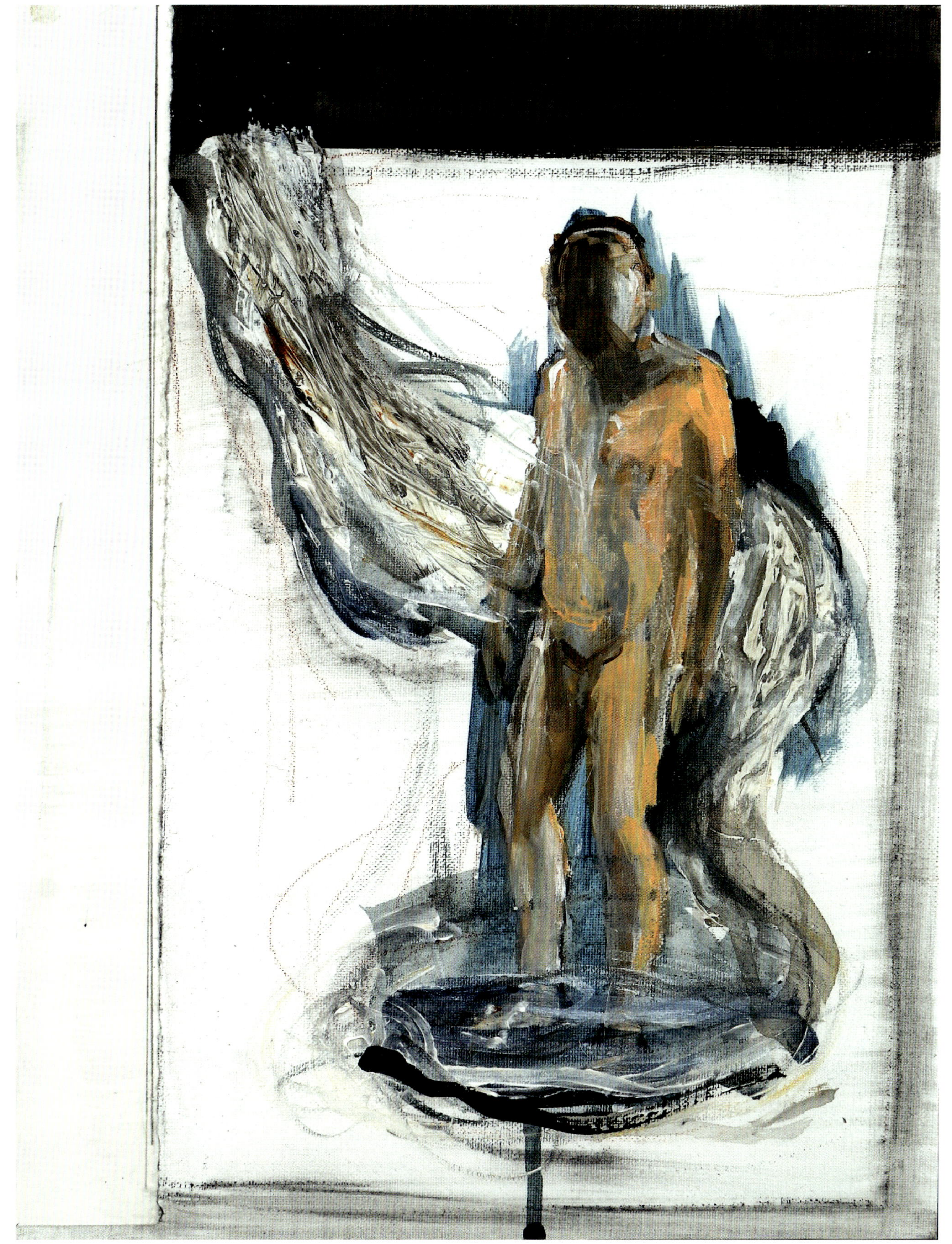

Schwankender
2018
Acryl auf Hartfaserplatte
80 cm × 55 cm
Werkverzeichnis Nr. 1747

Off-balanced
2018
Acrylic on hardboard
31.5 × 21.7 in.
Catalogue raisonné no. 1747

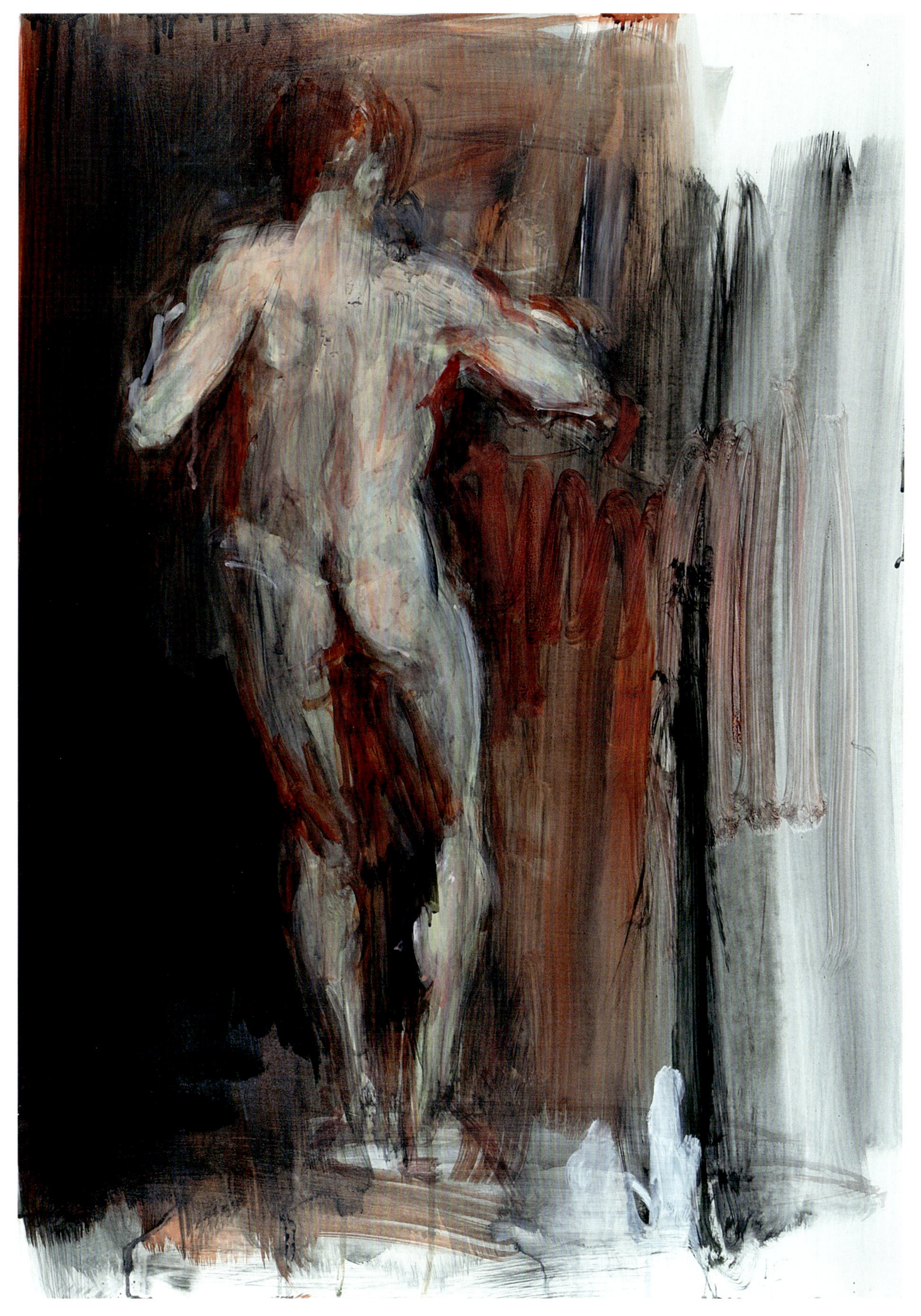

o.T. (Silence)

2022
Acryl auf Leinwand
190 cm × 110 cm
Werkverzeichnis Nr. 1795

Untitled (Silence)

2022
Acrylic on canvas
74.8 × 43.3 in.
Catalogue raisonné no. 1795

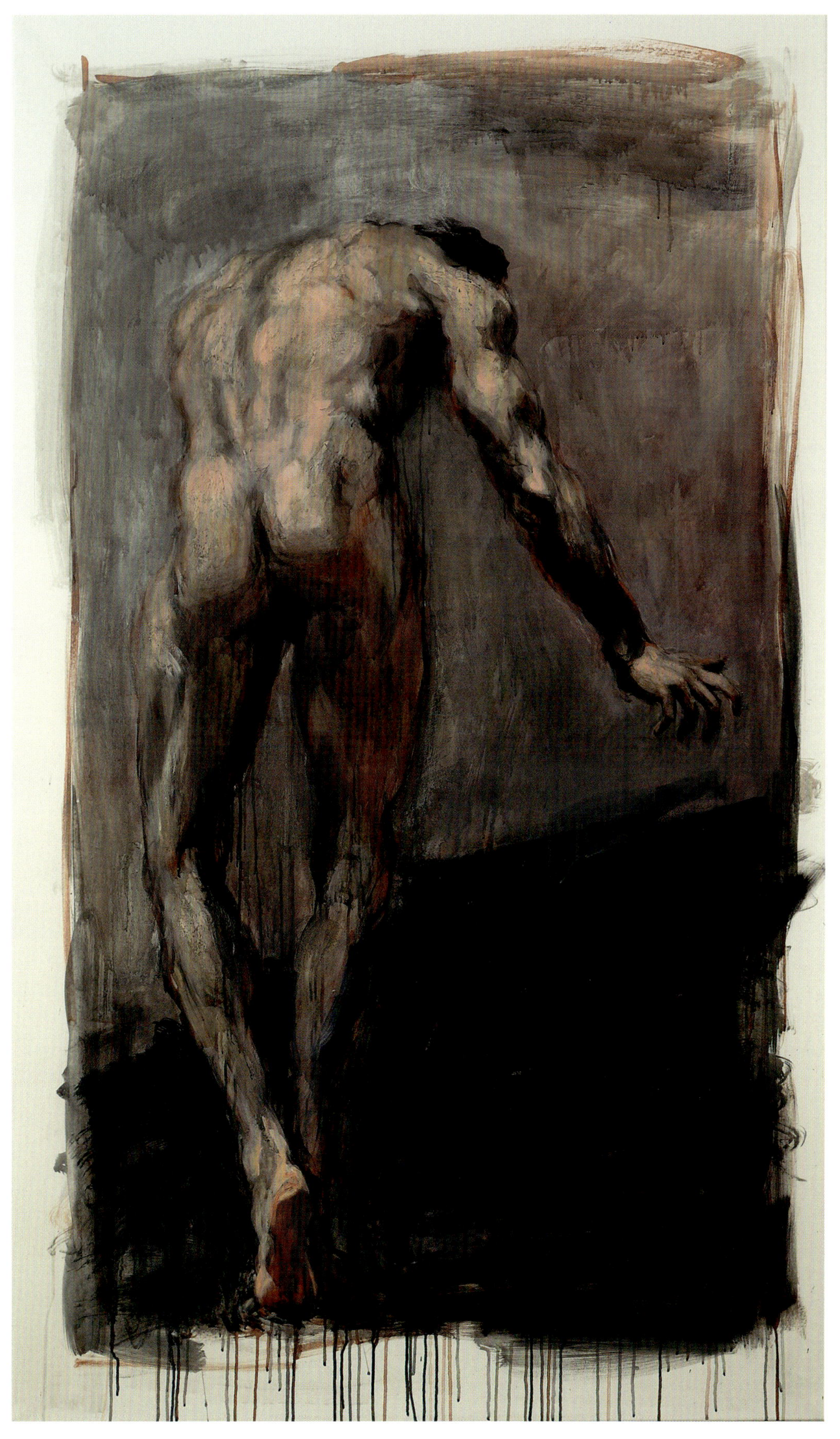

o.T.

2022
Acryl auf Leinwand
190 cm × 110 cm
Werkverzeichnis Nr. 1802

Untitled

2022
Acrylic on canvas
74.8 × 43.3 in.
Catalogue raisonné no. 1802

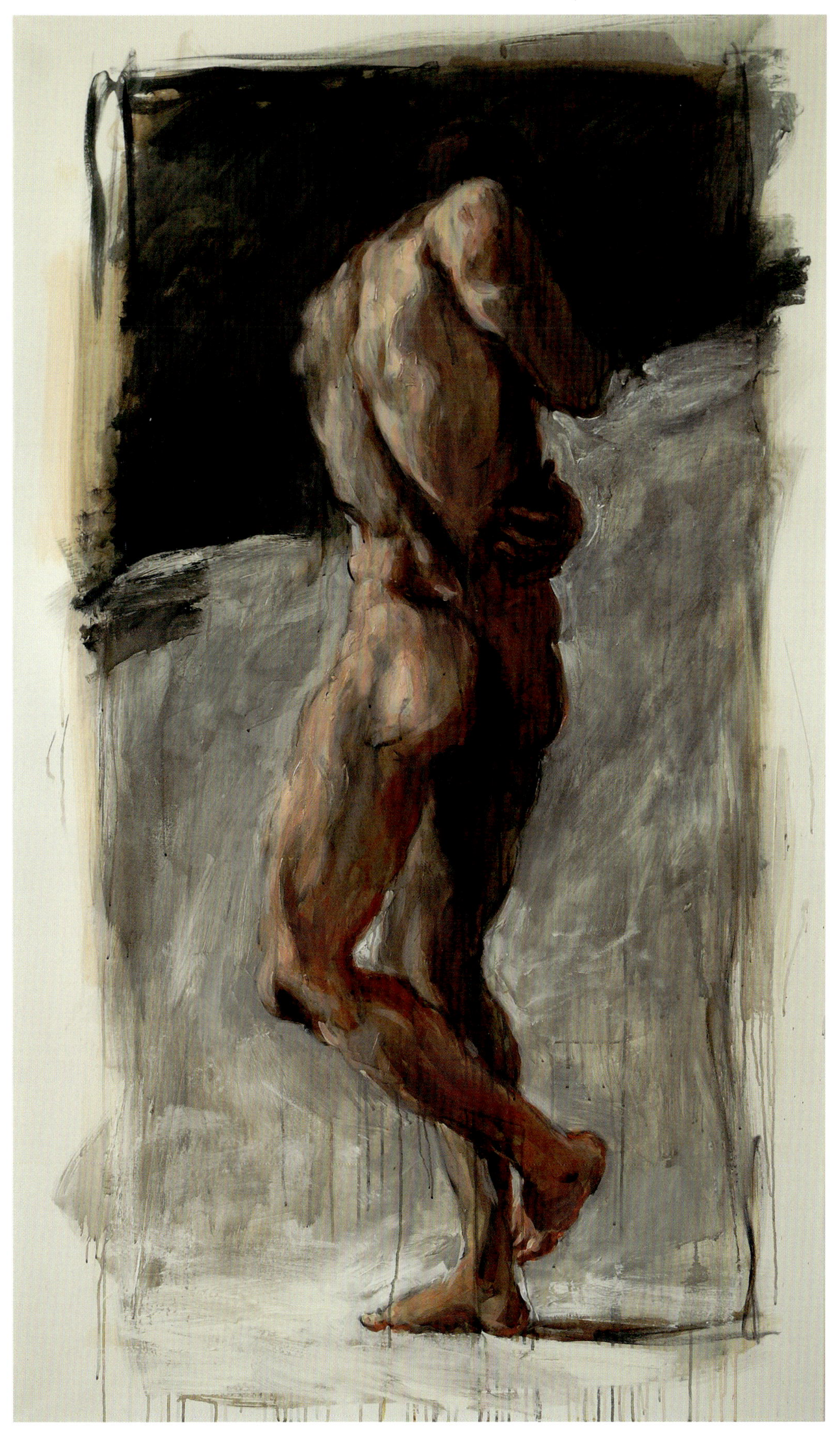

o.T.

2022
Acryl auf Leinwand
190 cm × 110 cm
Werkverzeichnis Nr. 1794

Untitled

2022
Acrylic on canvas
74.8 × 43.3 in.
Catalogue raisonné no. 1794

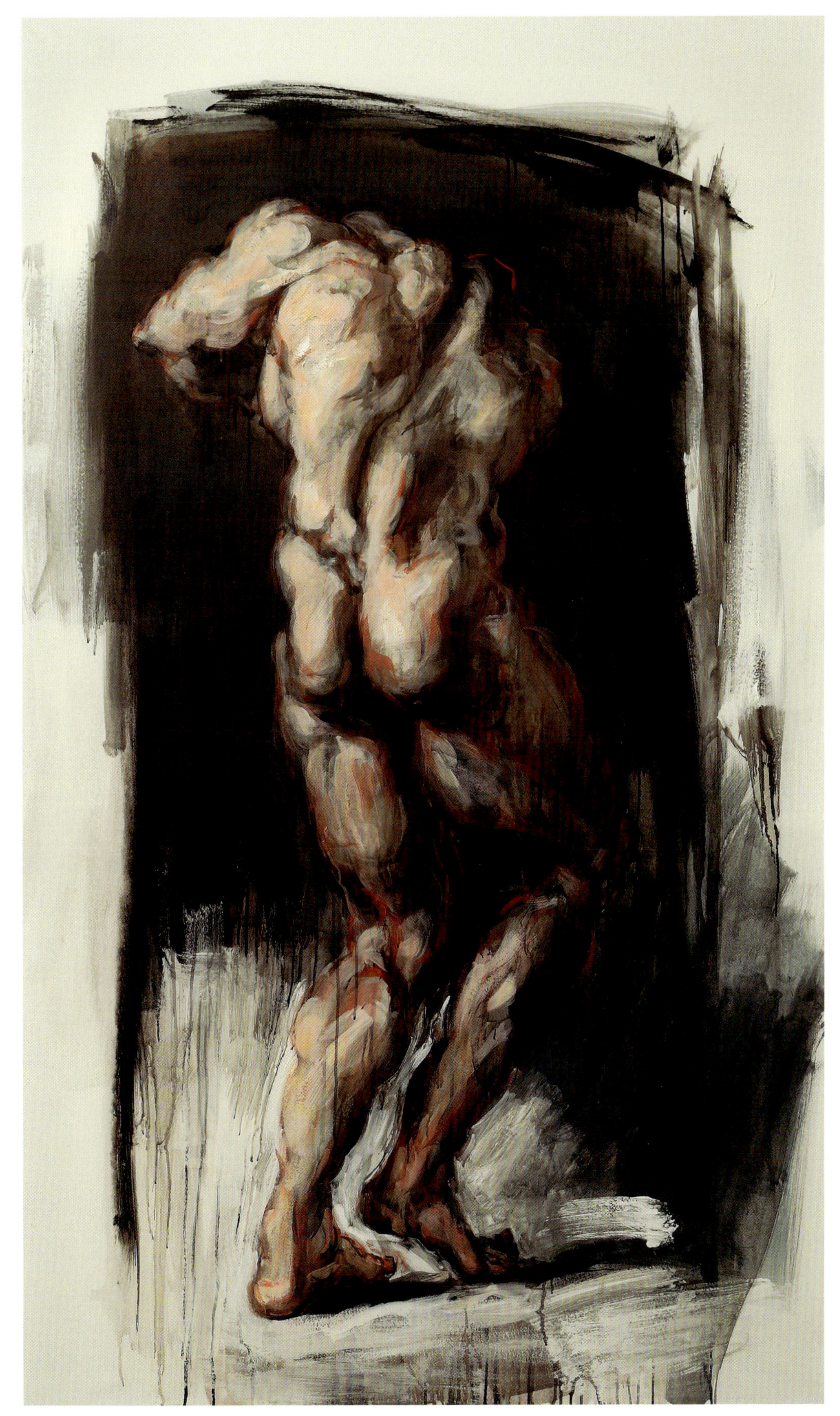

o.T.

2022
Acryl auf Leinwand
160 cm × 120 cm
Werkverzeichnis Nr. 1804

Untitled

2022
Acrylic on canvas
62.0 × 47.2 in.
Catalogue raisonné no. 1804

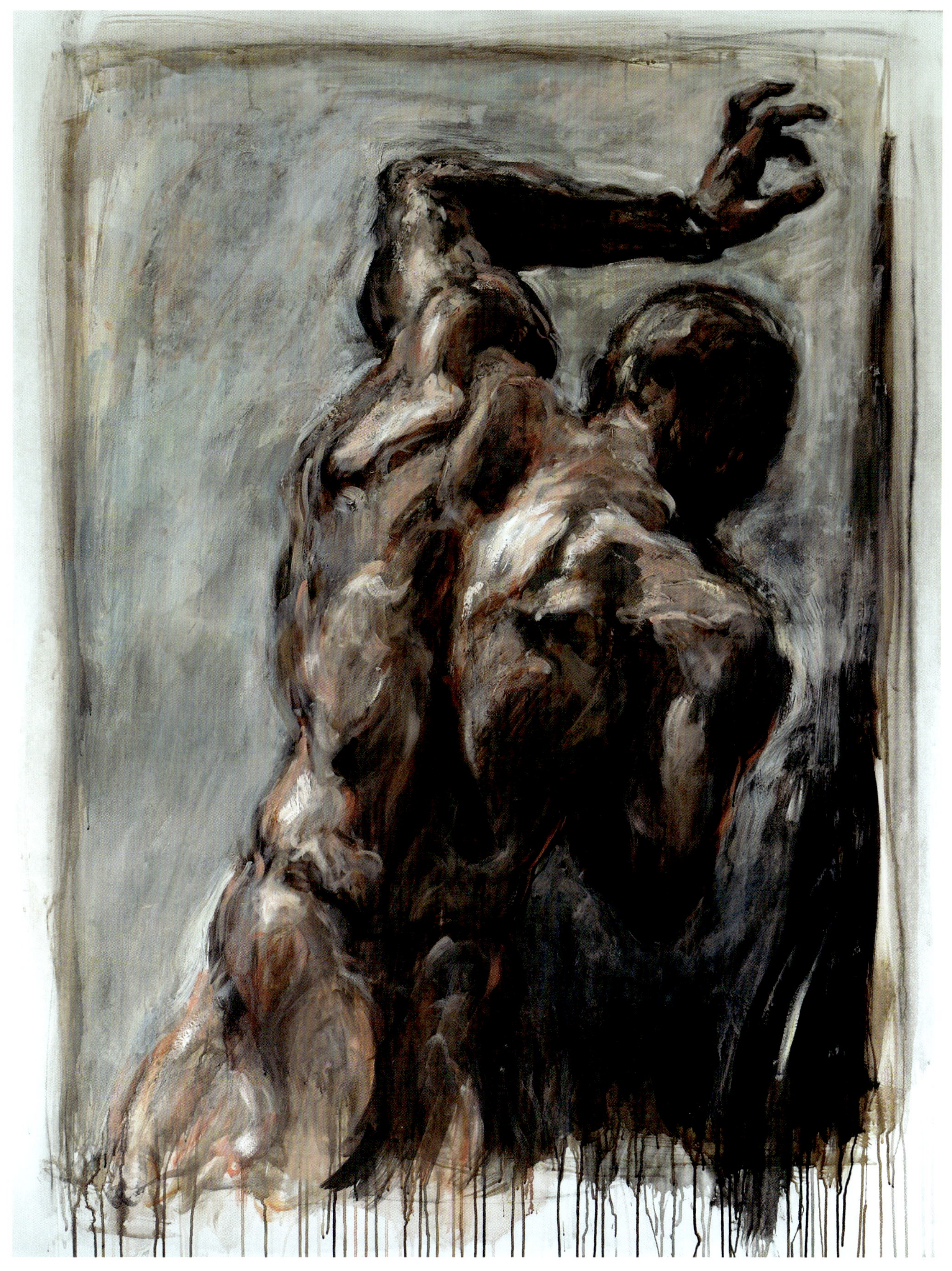

o.T.

2022
Acryl auf Leinwand
160 cm × 120 cm
Werkverzeichnis Nr. 1809

Untitled

2022
Acrylic on canvas
62.0 × 47.2 in.
Catalogue raisonné no. 1809

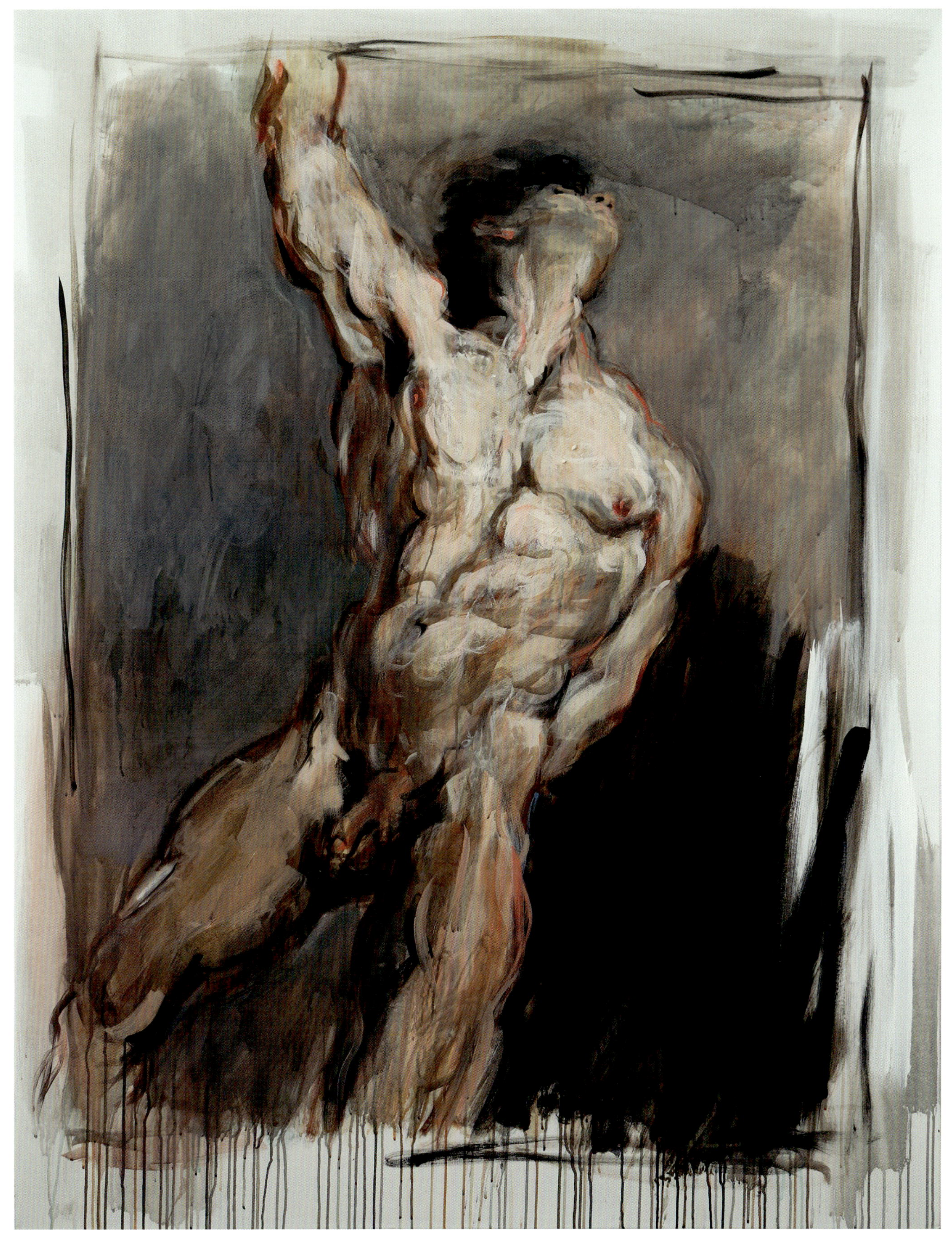

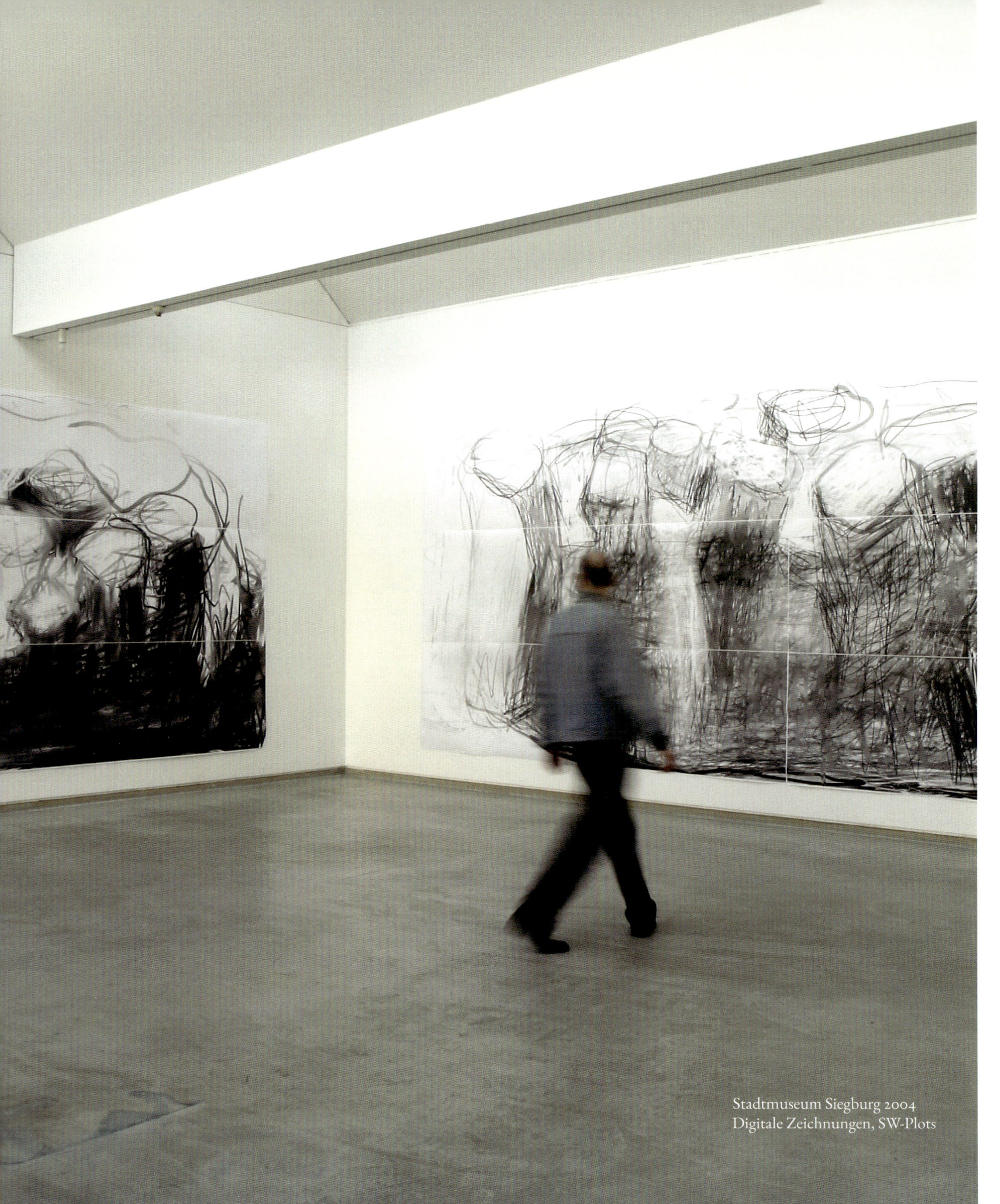

Stadtmuseum Siegburg 2004
Digitale Zeichnungen, SW-Plots

2022

Silence, Städtische Galerie Eichenmüllerhaus
Lemgo, Lippischer Künstlerbund e. V.

2021

Verflochten, Städtische Galerie Eichenmüllerhaus
Lemgo, Lippischer Künstlerbund e. V.
Freiheit, Robert Koepke Haus,
Schieder-Schwalenberg

2020

Stark, Städtische Galerie Eichenmüllerhaus
Lemgo, Lippischer Künstlerbund e. V.

2019

Licht, Städtische Galerie Eichenmüllerhaus Lemgo,
Lippischer Künstlerbund
Wider das Vergessen, Robert Koepke Haus,
Schieder-Schwalenberg

2018

Freilegungen, Lippisches Landesmuseum Detmold
(E), zusammen mit Rainer Nummer
Fake, Städtische Galerie Eichenmüllerhaus,
Lemgo, Lippischer Künstlerbund e. V.

2017

Grenzgänger, Herforder Kunstverein
Dialog, Lippisches Landesmuseum Detmold,
Lippischer Künstlerbund e. V.

2016

Ungeheuerlich, Städtische Galerie Eichenmüllerhaus, Lemgo, Lippischer Künstlerbund e. V.

2012

aedicula, Südbahnhof Köln (E)

2011

Crossover, Galerie Stracke, Köln
quizoola, Grillo-Theater, Schauspiel
Essen, Projekt zum Welttheatertag

2010

Galerie Stracke, Köln (E)

2009

Galerie d'Art Contemporain de Villebois, Frankreich
Alte Spedition, Gladbeck

2008

EDITIONALE, Köln, Galerie Stracke

2007

Alte Schreinerei, Bad Honnef (E)
Galerie Stracke, Köln (E)
Cologne Fine Art, Köln, Galerie Stracke

2006

Basilika St. Gereon, Köln (E)
Digitale Zeichnung, Suermondt-
Ludwig-Museum, Aachen

2005

Galerie Stracke, Köln (E)
Art Frankfurt, Galerie Stracke

2004

Stadtmuseum Siegburg (E)
Wettbewerb Gestaltung Spielbudenplatz Hamburg
Kultursonntag Köln
Art Frankfurt, Galerie Stracke

2003

Galerie Stracke, Köln
Art Frankfurt, Galerie Stracke
Galerie Villa Zanders, Graphica 03, Bergisch Gladbach

2002

Museumsberg Flensburg (E)
St. Theodor, Köln (E)
Art Frankfurt, Galerie Stracke
Christi Verklärung, Köln (E)

2001

Suermondt-Ludwig-Museum, Aachen (E)
Galerie Stracke, Köln (E)
Art Frankfurt, Galerie Stracke
Bundesverband Bildender Künstler, Köln (E)

2000

Kunstverein Halle, Talstr. e. V. (E)
Deutzer Werft, Köln Salon e. V. (E)
Premiere, Köln Salon e. V., München
Kunstverein Kappeln e. V. (E)
Galerie all-arts, Wittkiel (E)
Zeugnis, Köln Salon e. V.

1999
  Kunstverein Rhein-Sieg, Karmelkloster, Bonn (E)
  Eristik III, Köln Salon e. V.
  Quadrat, Köln Salon e. V.
  Karmelkloster mit Gruppe Semikolon, Bonn
1998
  Karmelkloster, Bonn
  Galerie Seidel, Köln
1992
  Galerie artists unlimited, Bielefeld
1991
  Galerie IF, Herford (E)
1988
  Kanzlei Rünzi, Karlsruhe
1987
  Internationales Künstler-
  symposium, Rocchetta, Italien
1986
  Städtisches Museum Flensburg
1985
  Freie Berliner Kunstausstellung

(E) Einzelausstellung Solo exhibition

2004
  Vorgeschlagen für die engere Auswahl des Villa
  Aurora-Stipendiums, Kunstsalon , Köln
  Proposed for shortlisting for the Villa Aurora
  Fellowship, Kunstsalon e. V., Cologne
2000
  Auswahl für das Atelierprogramm der Fordsburg
  Artists Studios, Johannesburg
  Selected for the studio programme of the Fordsburg
  Artists Studios, Johannesburg
1995
  Architekturförderpreis der Deutschen
  Zementindustrie
  Architecture Promotion Prize of the German
  Cement Industry
1988–1989
  DAAD-Künstlerstipendium für Rom
  Artist Fellowship for Rome Italy

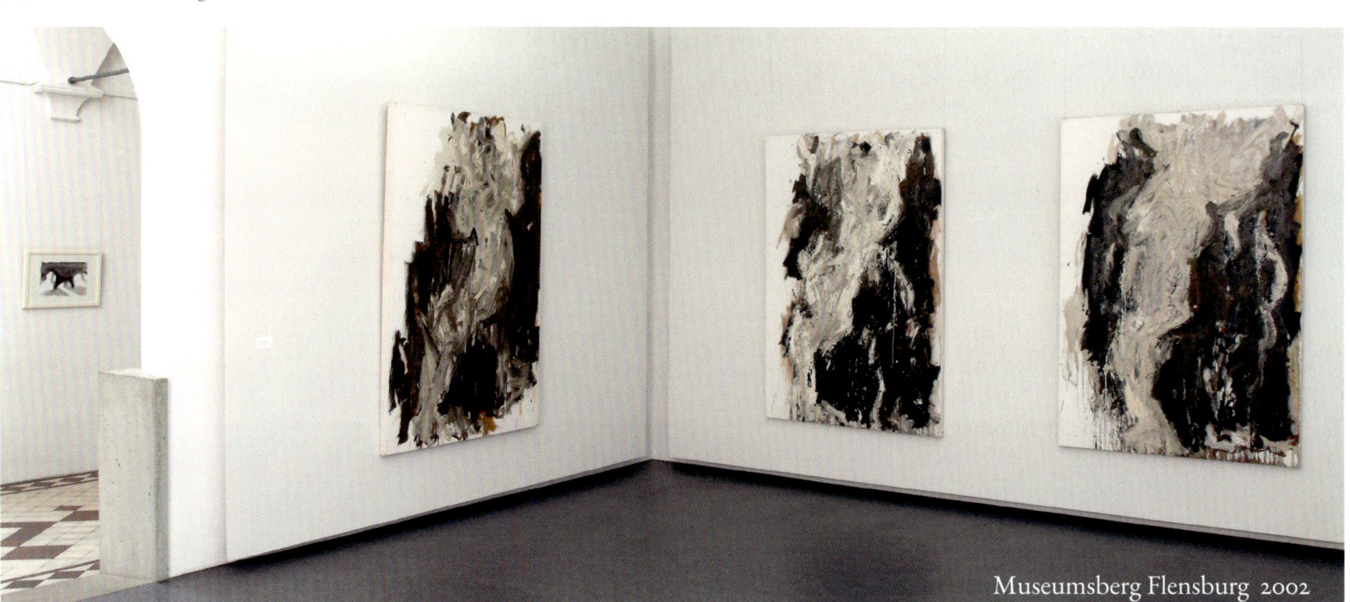
Museumsberg Flensburg 2002

Bibliographie

Lippisches Landesmuseum Detmold,
Ausstellungskatalog *Freilegungen*, 2018,
ISBN: 978-3-942537-06-3

11:1 Finale Museumsberg Flensburg,
2009, Seite 36–39

kunstforum international, Band 184, März–April 2007,
in Häuser II – *Der Geist der Schwelle*, Seiten 132, 135

Suermondt-Ludwig-Museum Aachen,
Ausstellungskatalog, *Digitale Zeichnung*, 2006,
ISBN: 3-929203-62-6

Wallraf-Richartz-Jahrbuch, Band LXV, 2005, Seite 326,
ISBN: 3-8321-7440-0

Galerie Stracke, Köln, Ausstellungskatalog, *Nachen*,
2005, Rheinlandia Verlag,
ISBN: 3-938535-09-1

Stadtmuseum Siegburg, Ausstellungskatalog,
2003/2004 Rheinlandia Verlag,
ISBN: 3-935005-68-7

Museumsberg Flensburg, Ausstellungskatalog,
Durchgänge, 2002, ISBN: 3-00-009876-3

Suermondt-Ludwig-Museum, Aachen,
Ausstellungskatalog, *Gewölbe*, 2001, ISBN: 3-929203-39-1

Bundesverband Bildender Künstler Köln,
Ausstellungskatalog 2001

Klasse Geccelli, Neue Galerie der Hochschule der
Künste Berlin, Band V 1987, Seite 5

Sammlungen

Städtische Sammlung Köln
Suermondt-Ludwig-Museum, Aachen
Museumsberg Flensburg
DAAD, Bonn

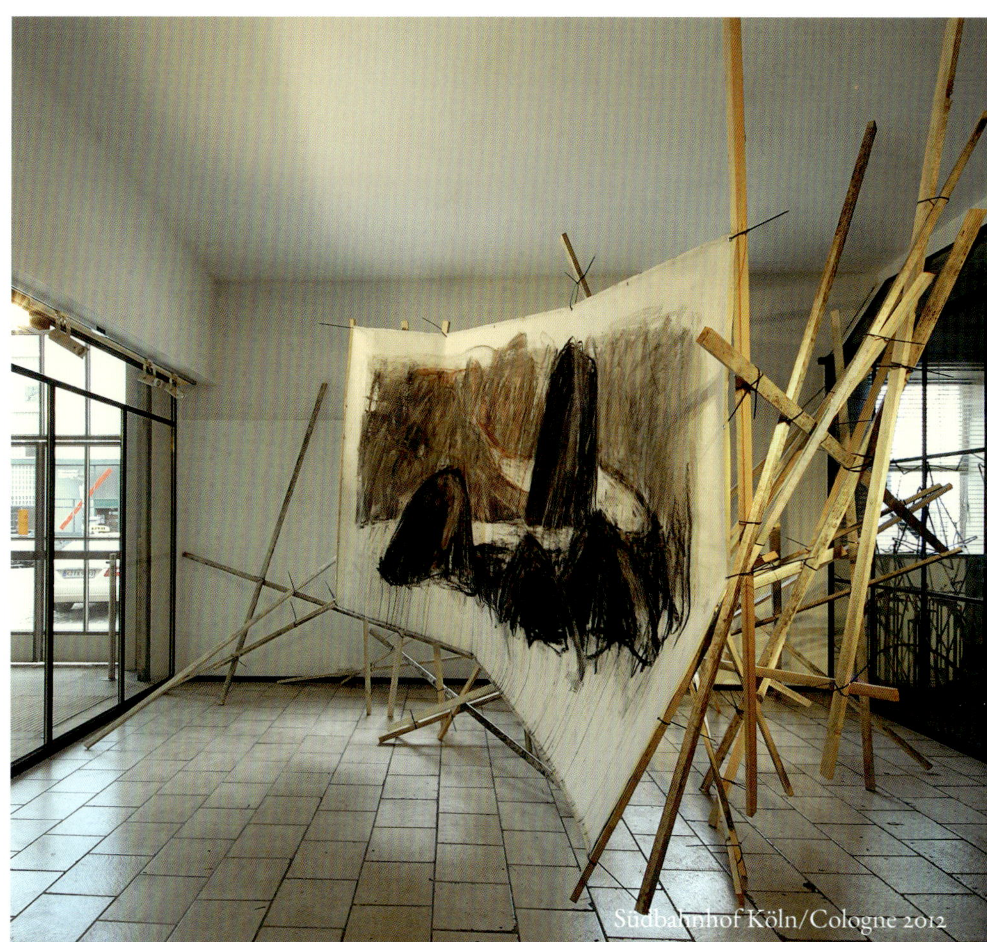

2012–heute
    Kunstlehrer am Gymnasium Leopoldinum Detmold
2012–2014
    Staatsprüfung für das Lehramt an Gymnasien
2010–2011
    Stellvertretende Akademieleitung, Freie
    Akademie der Bildenden Künste fadbk Essen
2008–2011
    Dozentur, Malerei/Grafik, Freie Akademie
    der Bildenden Künste fadbk Essen
2006–2008
    Lehrbeauftragter für freies Zeichnen, Fach-
    hochschule Aachen, FB Design
2000
    Arbeitsaufenthalt in The Artists Press, Johannesburg

1995–1999
    Projektleitung im Architekturbüro
    Gottfried Böhm, Köln
1993–1994
    Lehrbeauftragter für Freihand-
    zeichnen, FH Köln, FB Architektur
1992–1995
    Zweitstudium Architektur
    Dipl.-Ing. Architekt, FH Köln
1982–1988
    Meisterschüler, Hochschule der Künste Berlin
1968–1982
    Flensburg
1962
    Geboren in Herford

2012–present
    Art teacher at Gymnasium Leopoldinum Detmold
2012–2014
    Statutory examination for the
    teaching profession at grammar schools
2010–2011
    Deputy head of academy, Freie Akademie
    der Bildenden Künste fadbk Essen
2008–2011
    Teaching position, painting/graphics,
    Freie Akademie der Bildenden Künste fadbk Essen
2006–2008
    Teaching assistant for free drawing, Fach-
    hochschule Aachen, FB Design
2000
    Working stay at The Artists Press, Johannesburg

1995–1999
    Project management in the architectural
    office of Gottfried Böhm, Cologne
1993–1994
    Teaching assistant for freehand drawing,
    FH Köln, FB Architektur
1992–1995
    Second degree in architecture Dipl.-Ing. Architect,
    Cologne University of Applied Sciences
1982–1988
    Master student, Berlin University of the Arts
1968–1982
    Flensburg, Germany
1962
    Born in Herford, Germany

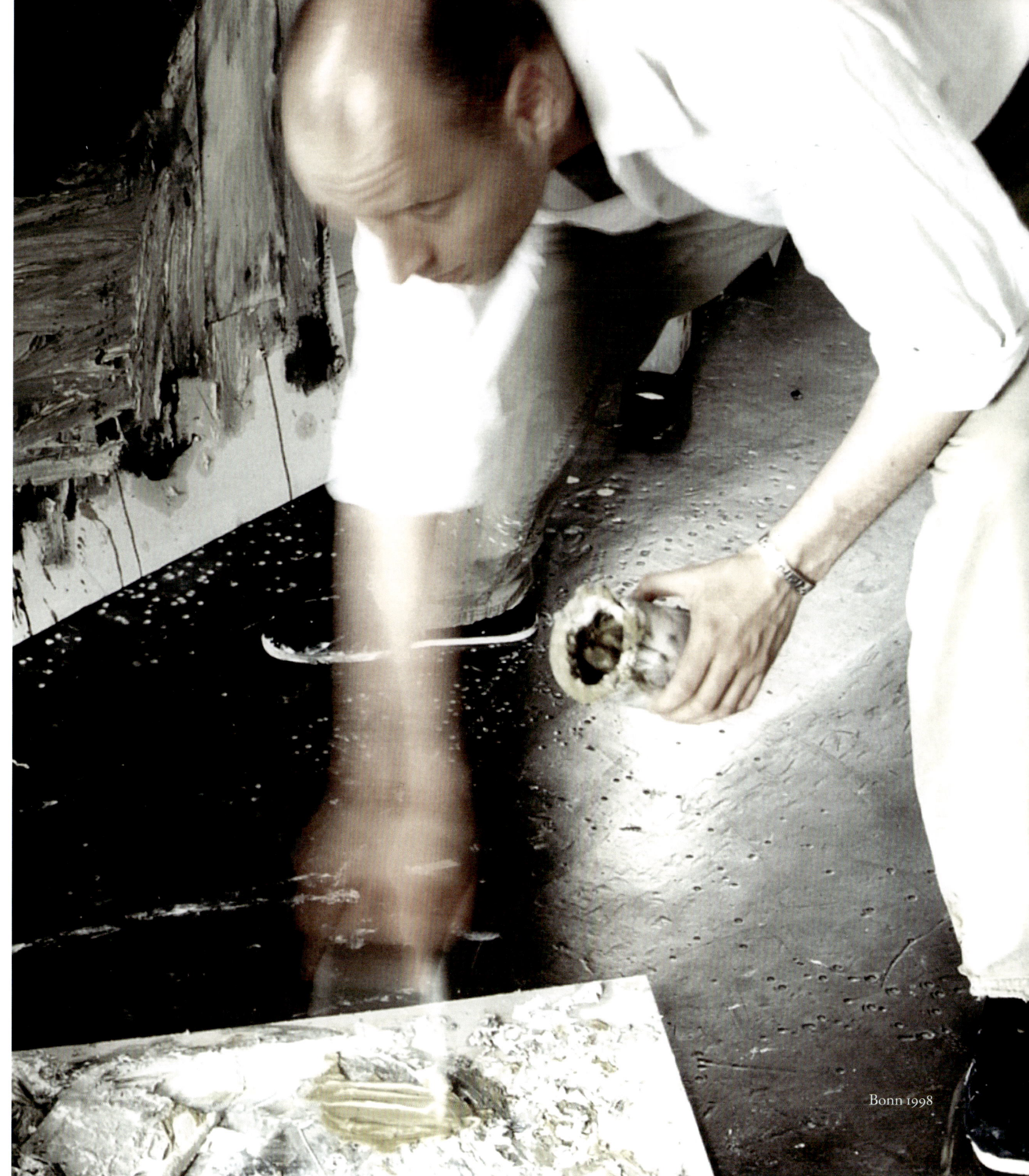
Bonn 1998

Impressum

Herausgeber Editor
Henning Bertram
www.henningbertram.art

Text Text
Celestina Maviale

Fotonachweis Photo credit
Sabina Fernández-Weiß, S. 2
Christian Charlier, S. 67, 61
Herby Sachs, S. 102
Olaf Schechten, S. 104

Lektorat Copyediting
Debbie-Ann Brown (EN)

Korrektorat Proofreading
Verena Simon (DT)
George Frederick Takis (EN)

Gestaltung Design
Henning Bertram

Herstellung Production
Jens Bartneck | Kerber Verlag

Projektmanagement Project management
Martina Kupiak | Kerber Verlag

Gesamtherstellung Printed and published by

Kerber Verlag
Windelsbleicher Str. 166–170, 33659 Bielefeld, Germany
+49 521 950 08 10, +49 521 950 08 88 (F)
info@kerberverlag.com, kerberverlag.com

Kerber Publikationen werden weltweit vertrieben:
Kerber publications are distributed worldwide:

ACC Art Books
Sandy Lane
Old Martlesham, Woodbridge, IP12 4SD, UK
+44 1394 38 99 50, +44 1394 38 99 99 (F)
uksales@accartbooks.com, accartbooks.com

Artbook | D.A.P.
75 Broad Street, Suite 630, New York, NY 10004, USA
+1 (212) 627-1999, +1 (212) 627-9484 (F)
orders@dapinc.com, artbook.com

AVA Verlagsauslieferung AG
Centralweg 16, 8910 Affoltern am Albis, Switzerland
+41 44 762 42 50, +41 44 762 42 10 (F)
avainfo@ava.ch

Zeitfracht Medien GmbH
Distribution Germany, +49 711 7860 2254
bestellung@zeitfracht.de

Die Deutsche Nationalbibliothek verzeichnet diese Publikation in
der Deutschen Nationalbibliografie: dnb.de.
The Deutsche Nationalbibliothek lists this publication in the
Deutsche Nationalbibliografie: dnb.de.

© 2023: Kerber Verlag, Bielefeld/Berlin, Künstler, Autorin, für die
Werke von for the works by Henning Bertram: VG Bild-Kunst, Bonn

Alle Rechte vorbehalten. Kein Teil dieses Werkes darf in irgendeiner
Form ohne schriftliche Genehmigung des Verlages reproduziert oder
unter Verwendung elektronischer Systeme verarbeitet, vervielfältigt
oder verbreitet werden.
All rights reserved. No part of this publication may be reproduced,
translated, or stored in a retrieval system or transmitted in any form
or by any means, electronic, mechanical, photocopying, recording, or
otherwise, without the prior permission of the publisher in writing

ISBN 978-3-7356-0924-3

www.kerberverlag.com

Printed in Germany ___________________________________